政协《新会文史资料》编辑委员会

顾　问：谢惠雯　黄寿根　陈维盛

　　　　张赞天　莫红辉

主　任：邹达明

成　员：林颖春　邱洁虹　熊贤莘

　　　　刘嗣传　钟国权　吴凤屏

　　　　梁景辉　梁健富

新會文史資料

第 67 辑

政协江门市新会区社会和法制文史委员会 编

暨南大学出版社
JINAN UNIVERSITY PRESS

中国·广州

图书在版编目（CIP）数据

新会文史资料. 第 67 辑 / 政协江门市新会区社会和法制文史委员会编 . —广州：暨南大学出版社，2023.12
ISBN 978-7-5668-3502-4

Ⅰ . ①新⋯　Ⅱ . ①政⋯　Ⅲ . ①文史资料—新会区　Ⅳ . ① K296.54

中国版本图书馆 CIP 数据核字（2022）第 171329 号

新会文史资料（第 67 辑）
XINHUI WENSHI ZILIAO（DI-LIUSHIQI JI）
编　　者：政协江门市新会区社会和法制文史委员会

出 版 人：阳　翼
策　　划：黄圣英
责任编辑：冯　琳　詹建林
责任校对：孙彴贤　冯月盈
责任印制：周一丹　郑玉婷

出版发行：暨南大学出版社（511443）
电　　话：总编室（8620）37332601
　　　　　营销部（8620）37332680　37332681　37332682　37332683
传　　真：（8620）37332660（办公室）　37332684（营销部）
网　　址：http://www.jnupress.com
排　　版：广州广知园教育科技有限公司
印　　刷：深圳市新联美术印刷有限公司
开　　本：787mm×1092mm　1/16
印　　张：10.25
字　　数：160 千字
版　　次：2023 年 12 月第 1 版
印　　次：2023 年 12 月第 1 次
定　　价：68.00 元

目录
CONTENTS

红色记忆

HONGSE JIYI

周恩来总理视察崖山古战场

◎林伟洪

1958 年 7 月 1 日至 7 日，国务院总理周恩来到新会进行为期 7 天的工作考察。周总理在 7 天 6 夜的行程中，十分关心新会的工农业生产、人民群众的生活和历史文化古迹的保存情况。在中共新会县委第一书记党向民等领导的陪同下，周总理跑遍了大半个新会，到处边看边谈，接触的群众很广泛。周总理先后视察了新会圭峰农场（周总理题名为"新会劳动大学"）、大泽区五和乡第二农业合作社（大泽五和二社）、棠下区周郡农业合作社（今属江门市蓬江区）、崖山古战场、新会葵艺厂、新会县废物利用展览会、县粮食工作展览会、新会农具机械厂（周总理题名为"新会农业机械厂"）。其间，在 7 月 4 日这天，周总理视察了崖山古战场。

一、周总理在崖山会见小学师生和群众

周总理视察新会已是六十多年前了。老一辈无产阶级革命家周恩来虽已离我们远去，但新会人民至今忘不了当年周总理在崖山接见少年儿童和人民群众的那段幸福情景。因此，笔者想要采写一篇文史稿件，纪念那段历史，缅怀敬爱的周总理。笔者回想起几年前作为新会文史资料研究员，曾参与采写知情人亲历、亲见、亲闻新会的重要历史事件和历史人物，经朋友介绍，了解到 70 多岁的林朝中当年曾有幸在崖山受到周总理的接见，于是前往近在崖山的官冲村采访了他。

　　林朝中住在古井官冲鹅坑里的一间普通民房。那天笔者跟随新会一中教师林柳仙（林朝中的大女儿）驱车到了鹅坑里林朝中家。当笔者刚坐下，林朝中当即取下挂在墙壁上的那帧他当年与少先队员们一起受到周总理接见的照片，一边拿给笔者看，一边兴奋地说："当年我在崖山见过敬爱的周总理，这是我万万想不到的事情，虽然事过几十年，但周总理视察崖山的情景，永远铭记在我的心里。"

　　说起周总理在崖山会见小学师生和群众，林朝中显露出兴奋和自豪。他把见到周总理的过程一一向笔者讲述。

　　1958年，林朝中在官冲小学读四年级，是学校一名少先队员。7月4日上午，学校组织少先队员扛上少先队的一面红旗，在崖山顶过队日活动。

　　当时，通往崖山古战场的一条小山路，是官冲的干部群众为了方便人们到崖山历史古迹参观，在早年已修通的山路。

　　大约正午时分，学校少先队中队辅导员赵庆豪老师突然告诉少先队员们一个好消息，说敬爱的周总理来到崖山视察，并临时召集队员赶快站在小路边，欢迎周总理。

　　其实，周总理到崖山视察，官冲的群众不知道，官冲小学师生也不知道。然而，当周总理一行登上崖山时，消息很快便传到赵庆豪老师那里。

　　周总理在崖山顶见到少先队员们在过队日活动，他缓步向少先队员们走过来，慈祥地微笑着一边和少先队员们一一握手问好，一边问，多少岁了，读几年级了。同学们见到敬爱的周总理，都十分兴奋，回答了周总理的亲切问候。周总理在问话中对少先队员勉励说："像你们那样的年纪，应该把学习放在第一位，但还要热爱劳动，做一个全面发展的好学生喽！"

　　当时，正值盛夏天气，午间阳光更是酷热。周总理这天身穿白色长袖衬衣，头戴草帽，没有一丝倦容。同学们能在崖山与周总理见面握手，这实在是一种莫大的荣幸。

　　同时，周总理在崖山路上遇到执勤的边防战士，也上前和他们一一握手问好。

周总理到了崖山，官冲十二个自然村近两千名群众，凡是知道的，走得开的，男女老少，纷纷涌到崖山的草坡和道路上，都想看一看敬爱的周总理。还有官冲小学6个年级近200名学生，在梁博文校长和老师的带领下，在离学校不远的崖山山坡上欢迎周总理。周总理笑着边走边向周围的群众挥手致意，在场所有群众报以热烈的掌声。

周总理是德高望重的老一辈无产阶级革命家。尽管周总理在崖山会见人民群众的时间很短，但他那慈祥的笑容、热爱人民的伟大风范和艰苦朴素的高尚品德，给官冲人民留下了深刻的印象，永久难忘。

访问结束时，林朝中说："那次我有机会近距离接近周总理，心里感到实在是太幸运了，能留下与周总理在一起的这张珍贵的照片，我感到无比的自豪和幸福！几十年来，是周总理用他对人民、对国家的热爱激励了我，用人格魅力感动了我，让我可以在农村中安心搞农业生产，走劳动致富道路，让我家过上了理想的幸福生活。这要感谢当年周总理那次接见啊！"

二、周总理考察崖山古战场的经过

"史鉴知兴亡，铜鉴正衣冠，人鉴明得失。"周总理学识如海，功勋如山，他是老一辈革命家，赢得全国人民的爱戴。1958年7月，周总理到新会视察就十分关心新会的历史文化古迹的保存情况。7月1日刚到新会时，周总理就叫新会县委第一书记党向民找人去借几本有关新会历史的书给他看，当时县委宣传部干事赵北严从景堂图书馆借来了明代万历《新会县志》、明代黄淳编《崖山志》、清代乾隆《新会县志》、清代《新会乡土志》等几本地方史书帮党向民亲自送去给周总理阅读。

7月4日早上，周总理在随行的几位县委干部陪同下，乘小车到会城河口，登上"银洲湖"号电船出发，沿银洲湖南行，前往古井官冲崖山视察崖门古战场。电船在银洲湖（银洲湖古称崖海，那时海面比现在银洲湖辽阔）

航行途中，周总理把借来的《崖山志》等史籍认真研读，不时走出船舱，观看银洲湖两岸景色。由于电船需航行几个小时，周总理与随行人员在船上共进午餐。午餐很简单节俭，只有油炸花生、馒头和咸菜。据说周总理最喜欢吃新会的油炸花生和荔枝。

电船驶近官冲时，周总理在船上望见远处山上有一面红旗（这是官冲小学的少先队员队日活动用旗），误以为县委通知当地干部群众组织欢迎活动，很不高兴地说："怎么搞的，我说过不要惊动他们了。你们又通知他们了吗？"随行的县委干部如实回答说没有通知他们。

电船到了官冲。当时，官冲没有上落码头。周总理一行上岸时，由古井区区委书记黄冠华，官冲长烽农业社党支部书记陈德燕和社干部李社敬、吴心爱等，驾驶一只小船上前迎接周总理等上岸，然后步行往官冲长烽农业社考察。在社委会，周总理与干部群众亲切交谈，认真听取干部群众汇报当前农业生产和群众生活等问题，并边听边记录。当社员反映收入低时，周总理为他们提出解决问题的思路，从思想上指导他们，鼓励大家解决困难，搞好生产，增加收入。

从社委会出来，周总理步行到崖山视察。但要走好长一段山路，长途跋涉，且值午间，天气炎热，但周总理依然神采奕奕，毫无倦意。在崖山路上，周总理会见了官冲小学的少先队员们、执勤边防战士和闻讯赶来的群众。之后，周总理一行直往崖山古战场参观。

崖山，南临南海，西对银洲湖。这里曾是南宋末代皇帝赵昺的行宫，也是南宋将士与元军展开决战的战场。当年崖海大战就发生在这里。南宋灭亡后，后人为纪念南宋抗元尽忠赴死将士，在崖山曾兴建有慈元庙（又称全节庙）、大忠祠、义士祠等，1940年，祠庙被侵华日军全部毁去。1956年，县人民政府组织群众清理残垣，在慈元庙遗址挖出碑刻十一块，兴建碑亭一座。

周总理来到碑亭，环顾四周，眺望崖山脚下的江流。在碑亭，认真观看残存的碑石。周总理站在一块高近2米、宽1米多的《慈元庙碑》（碑文为陈白沙用"茅龙书法"撰写，600多字，详细记载建庙的缘由及对宋元之交这段历史的评论）前细看，也顾不上休息，认真研读碑文。周总理看了《慈元庙碑》，又去看《全节庙碑》。当地群众看到周总理站着看碑文，便赶快拿来一条长木凳给总理坐。周总理表示感谢，坐下继续看。他边看边说："这样的历史文物要好好保护，不可多得嘛。"接着，他又看了《崖门览古》诗碑，看完后向在场的干部群众说："'航海岂图存'（碑语），陆秀夫不该跳海死，他应该带兵到海南岛去，带兵到台湾去，到那里可以搞根据地，还可以打嘛！"

看完石碑，周总理动身下山。路上，当地干部向周总理讲述南宋行朝避难元军追杀的航海故事和驻跸崖山的缠龙山桔逸事。周总理听后说："崖门这地方的历史古迹，还是有意义的。宋朝虽然灭亡了，但当时许多人还是坚持了我们的民族气节。"到了狮头山，群众把当地特有的两条缠龙山桔树枝送给周总理。当地渔民为表示对周总理的敬意，送来一条大鲤鱼，但周总理付了钱才收下。

周总理离开崖山，乘船前往崖门口视察。他站在船头，环看了崖门口东边的古炮台及两岸的险要地形。船在崖门口转了一圈，然后返回会城。

三、周总理视察崖山古战场的深远影响

值得一提的是，周总理视察崖山历史古迹，是对新会历史文化的关怀和重视。周总理对崖山古迹的湮灭感慨不已，启发了当时的县委县政府领导对历史文化和历史文物的保护意识。1959年，县人民政府拨出专款，在慈元庙遗址重建慈元庙正殿及两廊，并在故址中寻找残缺的碑石加以修复，供游人瞻仰阅读。1983年，在县政府的重视下，开始重建崖山祠、庙。2005年，区委区政府加大对崖山历史文化的开发力度，大规模重修扩建崖山祠、庙，积极推动对崖山古战场历史文化遗产的研究保护与开发利用。2006年，崖门海战文化旅游区第一期工程全面竣工。以尊重历史和修旧如旧为原则重新改

造修葺了崖山祠内的慈元庙、大忠祠、义士祠和寝宫，包括翻新了杨太后像、义士勤王图和祠内原有的全部木刻题匾、对联，重塑文天祥、陆秀夫、张世杰"三忠臣"像和太后教子组雕，整合陈列有岭南第一碑之称的《慈元庙碑》《正气歌碑》等一批祠藏珍贵史迹文物，还在崖山景区入口建造一座仿宋战船大门，景区内建有中心广场、崖海诗词碑墙、甬道、缠龙山桔园等。这些古迹文化正式向国内外游客开放，以让人凭吊寻古、缅怀纪念。

崖山古战场是我国宋元王朝更替的重大历史事件见证地，也是新会独有的海战文化旅游资源。自1958年7月周总理视察新会后，也引起了国家领导人以及文艺家对新会和崖门古战场的高度关注和兴趣。在周总理考察崖山古迹后不久，1958年12月，当时的中共中央政治局委员、中共中央监察委员会书记、全国政协副主席董必武（后来曾任国家副主席、代主席），和中共中央监察委员会常委、全国人大常委会委员王维周也来新会考察了崖山古迹。董必武以《偕王维周、寇庆延、李荣先、党向民诸同志游崖门》为题，赋诗一首："渔村奇石已无碑，国母官冲旧有祠。往事海天何处问，随潮上下只鸥知。骂名留得张弘范，义士争传陆秀夫。大是大非须要管，华人爱汉耻崇胡。"

后来，还有朱德、郭沫若、陶铸、杨尚昆等党和国家领导人到过崖山古战场考察。杨尚昆还给崖山祠题写了祠名"崖山祠"门匾。1962年，著名戏剧家、诗人田汉到崖山古战场参观，在游览奇石时题下了"宋少帝与丞相陆秀夫殉国于此"的十三个行草字句（其后，新会有关方面把田汉的题辞镌刻在奇石上）。接着，他又写了崖山怀古诗两首，其一曰："云低岭暗水苍茫，此是崖山古战场。帆影依稀张鹄鹢，涛声仿佛斗豺狼。艰难未就中兴业，慷慨犹增万代光。二十万人齐殉国，银湖今日有余香。"其二曰："宋末三忠异代尊，丰碑十丈耸崖门。将军屡败尚能战，丞相临危不幸存。铁戟有时埋岸草，血波千古打渔村。摩挲奇石斜阳里，应将精神教后昆。"

参考资料

1. 中共新会党史办公室编：《周恩来在新会》，中央文献出版社，1998年。

2.《新会县志》，1995年。

3.《崖山史迹》，1995年。

4.《新会画报》，2005年11月。

5. 笔者对林朝中的采访。

新会人民会堂的修建始末

◎李兴发

新会人民会堂的兴建

1949年10月24日，新会解放。之后，新会县人民政府致力于医治抗日战争和解放战争创伤，在全县大力开展政治改革和经济建设。

1954年6月20日至27日，新会县第一届人民代表大会第一次会议在会城召开，县长党向民在会上作了题为"政府四年工作报告及今后工作意见"的讲话，提出了"稻田变粮仓，河流变鱼塘，荒山变果林，农村变花园"的口号。之后，"四变"便成为新会人民建设社会主义新农村的号角和目标。

按照"四变"的要求，全县城镇开展了多项园林绿化建设。其中会城镇先后辟建了盆趣园、北园（动物园）、儿童游乐园、艇仔湖公园、马山公园等，又在会城马路旁植树，陆续种下白兰、紫荆、樟树等各种树木8 000多株。

当时，为了贯彻党的方针政策，县政府经常要召开大型会议，苦于没有专门的会堂，只好借用太平戏院作会场。由于戏院太小，许多大型会议无法召开，于是有人提议建一座专业的大会堂。此提议获县委第一书记党向民认可，遂责令有关部门组织筹建。

随后，便是成立领导班子和组建设计、施工团队。1954年初，新会县人民礼堂建设委员会成立，由县委第一书记党向民挂帅，成员有县建设科科长容辛、会城镇委书记李宁、会城镇政府干部梁柏南和县政府办公室主任、财政局局长等。委员会下设工程处，工程处内分为设计组和施工组。设计组由本地建筑师钟鸣负责，成员有本县工程技术人员钟雪、陶晃、梁达、谭振乾、莫世民、冯耀堂等人。施工组由会城工程队七级技工罗丁负责，下属有陈华（行政管理）、钟斌、容森、林沃（施工管理）和会城工程队以龚甫为首的30多名施工人员。

要兴建新会人民礼堂，首先是选址。建在哪里最好？有人提议建在新会书院与盆趣园之间那块空地上。这里背靠圭峰山，左有马山，右有犀山，前有会城河，坐北朝南，是为"风水宝地"。自明洪武二十四年（1391）会城始筑土城，县衙便设于此。明天顺六年（1462），县令陶鲁筑新会砖石城，县衙仍驻在这里。及至清代，县衙仍在此地。清道光二十年（1840）编撰的《新会县志》所附《邑城内外全图》载，新会县署、参将署均设在此。民国初，县府亦在此地。1937年10月20日，日军出动飞机4架对会城进行轰炸，其中在东门火车站（今新会华侨中学）投弹13枚，县衙投弹1枚，其后又对会城实行6次轰炸，县衙房屋被炸塌。1939年4月，新会县府迁往双水天亭，1945年9月随军迁江门。1950年4月，新会县人民政府由江门迁入会城大新路原冈州中学校址，原县衙被荒废。据年逾八旬的莫春远回忆，那时，现在的会堂前种木棉树的位置有两间类似门卫的廊房，现在的主席台的位置有一个类似地堡的砖建筑，可能是日军占领会城时所建的岗哨（1939年4月2日，日军攻占会城后，即以平山小学作为司令部，直至1945年9月26日驻江会日军投降后才撤出），其余全为瓦砾地。经县政府、镇政府领导反复研究，最后确定新会人民会堂就在原新会县衙故址上。

要建人民礼堂，首先要筹集一大笔建筑费。但当时新会还很穷，1953年全县财政预算内总支出才189.3万元，其中教育事业费100.2万元，文化、科学经费6.7万元，卫生事业费16.9万元，行政管理费59.6万元，抚恤、救济费2.7万元，而经济建设费仅为6.6万元，靠地方财政拨款建礼堂，根本不可能。有人提出了"拆祠堂、建礼堂"的办法。那时，会城有祠堂600多座，今新会公安局、金田酒店、东方红中学、实验小学、红卫小学、五显冲小学、工人文化宫附近都是成片的祠堂。人民礼堂兴建时，农村土地改革和城镇工商业改造已经完成，会城及各乡村的祠堂均由政府接收为公产，用作学校、粮仓或政府办公场地。经新会人民礼堂建筑委员会讨论，觉得此办法可行。于是把那些破旧的或影响城镇改造的旧祠堂拆卸，把青砖、木柱、屋梁、花岗石条石等搬来礼堂工地，连礼堂门前的那对石狮子，也是从双水豪山张将军家庙搬来的，因而大大节省了购买材料的费用。

选址定了，随后便进入人民礼堂的设计阶段。新会人民礼堂要建成什么样子，当时大家心里都没有数。他们从没有建过甚至未见过这么宏伟的建筑，会城也没有参照物，那时，北京人民大会堂还没有兴建。为扩展视野，启发灵感，党向民带领一班设计员、施工员前往广州及外省观摩，考察当地各款会堂、教堂的造型和结构。

钟鸣是会城沙堤村（今仁义村）人，对建筑颇有造诣，是本县著名的建筑师，他受命负责新会人民会堂总体设计。从外地考察回来后，他苦思冥想，画了一张又一张草图，又与设计组人员反复研究修改设计方案。

1955年1月，由钟鸣设计、陶晃绘制的新会人民会堂第一张图纸出笼。它是一张总平面图，内容包括会堂的长宽及周围的布局，含花坛的设置及所种的树木和花草品种。之后又设计了立面图，送新会县人民礼堂建设委员会审批。

设计方案审定后，又开始基础和结构设计。从1954年4月至1955年3月，设计组陆续绘制了《人民礼堂正面立视图》（由钟鸣设计、莫世民绘制）、《人民礼堂背面侧面立视图》（由钟鸣设计、莫世民绘制）、《人民礼堂基础平面图》（由钟鸣、谭振乾设计，莫世民绘制）、《人民礼堂柱、墙大样图》（由钟鸣、谭振乾设计，梁达绘制）、《人民礼堂一层平面图》（由钟鸣设计，莫世民、梁达绘制）、《人民礼堂二层平面图》（由钟鸣设计，莫世民、梁达绘制）、《人民礼堂天沟平面图、纵构图》（由钟鸣设计，莫世民绘制）、《人民礼堂座池屋面图》（由钟鸣设计，莫世民绘制）、《人民礼堂屋架大样图》（由钟鸣、谭振乾设计，莫世民绘制）、《人民礼堂混凝土楼厢图》（由钟鸣、谭振乾设计，梁达绘制）等十多张图纸，送新会县人民礼堂建设委员会审核。

设计图纸经县建设科、人民礼堂建设委员会审定后，1955年夏秋之际，新会人民礼堂工程正式动工兴建。

按照设计，新会人民礼堂长62米，宽25.5米，高16.64米，建筑面积2 828.36平方米，连同会堂前的广场、周围的花坛、绿化树，总占地面积共2万多平方米。

人民礼堂工程动工，首先要开挖90个基础坑，那时没有挖掘机，全靠人力用锄头、铁铲、泥篸等工具施工。而施工人员，则是动员县直机关和会城镇政府干部、群众团体、企业职工及新会一中的师生，以义务劳动的方式进入工地施工。县委书记党向民也参加过人民礼堂工地的义务劳动。

人民礼堂的基础没有打水泥桩、松木桩，而是采用大放脚自然桩，共设桩柱90个，按照不同的承重力，砖石桩的边长有75厘米至2米共8种规格，深度为2.05米至4.28米。底层用沙石垫平，然后用砖砌成桩台，逐级收窄成为实墙。实墙分子、丑、寅、卯4种，子墙厚度44厘米，丑墙厚度50厘米，寅墙厚度24厘米，卯墙厚度34厘米。墙体由会城建筑队的泥水匠负责施工。全座建筑只有楼座下方4根水泥柱，其余全为砖柱，整座建筑是为砖木结构。

人民礼堂设有楼座，楼座宽24.5米，深7.96米，用水泥预制梁板构建。楼座两旁各有一条宽5.05米的廊道，廊道内侧各设有5个飘厢，用于观看演出及安装射灯等设备。廊道北端有楼梯与主席台相通，南端有楼梯与门厅相通。

人民礼堂的屋架为弧形金字塔架，长24.5米，高4.8米，用木制成，一共有9榀，由会城木器厂的木工师傅在礼堂工地内施工。

屋架做好后，就要吊装。这就是民间建屋的"上梁"。按照习俗，这是要大肆庆祝的，但那天没有搞任何庆祝活动，没有放鞭炮，也没有摆酒，而党向民却悄悄来到施工现场。

吊装木屋架是人民礼堂施工难度最大的工程。那时，没有起重设备，唯一的设备是手摇起重机。吊装工程由施工长罗丁和木工技术员区登负责组织和指挥。当时在现场的设计组成员冯耀堂在其《楼台生辉，先辈流芳》（新会区土木建筑学会 2016 年编印）一文中忆述："在建筑施工中最关键的是屋顶安装那九榀木屋架，榀木屋架有 25 米跨度，足有 30 吨重，要将它吊装到 17 米的柱顶上，当时没有专门的起重设备，老鹤（钟鸣）和罗丁与工程技术人员、工人想方设法，确定用杉木接成高杆，采用单杆配合手摇起重机吊装的办法。吊装屋架时，党向民书记亲临现场，老鹤也和我们到现场观看。当时的场面令我终生难忘：整个工地上鸦雀无声，只听见那手摇起重机的咔咔声，看着木屋架徐徐吊起。那天木工技术员区登出尽了风头，他有胆识，灵活地爬上十七米高的柱顶上指挥屋架起吊。待屋架吊至适当高度时马上把它扶正，然后钉上，连系杆件。第一榀屋架安装好，大家都松了一口气。当九榀木屋架整整齐齐地安装在柱顶上，显得十分壮观。"

屋架吊装好后，便架设桁梁、檩条，铺设瓦面。人民礼堂的瓦面没有采用中国传统的瓦筒，而是采用当时最新式的建材石棉瓦。这既减轻瓦面重量、方便施工，又款式新颖、美观大方。有些不明就里的人见屋顶是西式建筑，联系到同一时间苏联专家援建的新会拖拉机站，以为这也是苏联专家援建的。殊不知新会人民礼堂其实是新会人自己设计、自己施工，是货真价实的"土特产"。

人民礼堂一层的北端为主席台（舞台），宽 17.6 米，深 9.34 米，主席台外边为弧形，前设低两级的乐池（发言台）。地面均用厚梗木板铺设，以使其具有弹性，符合戏剧、舞蹈演出的要求。主席台的两边分别为大会秘书处（礼堂管理处）和主席团会议室，后面为主席团休息室。而一层廊道的北端尽头则分别为男女洗手间。

　　人民礼堂一层观众席长 27.66 米，宽 17.6 米，从大门口向主席台倾斜。设座位 2 000 个，为木制连排椅，座位分东座和西座，中间用走道隔开。连同楼座，共有座位 2 400 个。

　　人民礼堂的二楼是楼座和回廊，为混凝土结构，后座为观众席。回廊宽 5.37 米，木地板。两侧均设有两边各长 2.38 米、向外突的三角形飘厢 5 个，用作观众席及安装射灯等设施。

　　人民礼堂正面设大门 5 扇，每个宽 2 米、高 3 米，供与会人员进场时使用。门厅两侧各设偏门 1 扇，比大门略小，与礼堂内走廊及上楼座楼梯相通。礼堂两侧各设 1.4 米宽、3 米高的小门 12 扇，供与会人员退场时使用。如遇紧急情况，可作逃生门。

　　人民礼堂大门前设一门厅，宽 6.03 米，竖有 5 根门柱。门柱前是 5.2 米 × 25.55 米的平台，平台下面是 9 级台阶，平台和台阶全用花岗石条石铺设，两侧各放置一石狮子。

　　人民礼堂的墙体、楼面、瓦面工程完成后，随即进行天花板安装。那时，国内还未有胶合板生产，人民礼堂天花板是用 1 厘米厚的杉木板拼接而成，面积 6 500 平方米，由会城木器厂的木工师傅施工。

　　人民礼堂的门、窗、楼梯，由谭达设计，会城木器厂的师傅加工并安装。

　　人民礼堂的天花板工程完成后，便把墙体粉刷、木器上漆，之后安装水电、音响，分别由新会供电公司、会城自来水厂和新会县广播站负责。

　　1957 年秋，新会人民礼堂工程竣工，一座雄伟、壮丽的建筑物呈现在世人面前，其建设速度、建筑工艺和质量受到人们的称赞。

　　由于兴建新会人民礼堂的设计人员和部分施工人员原是公务员或国企员工，有固定薪水，无须额外支付设计费及工资，临时雇请的技术人员，每天工薪仅为 15 斤米（折人民币 2.19 元），泥仔工每天 7 斤米（折人民币 1.02 元），而开挖、回填土方，搬运建材等，则大多是以义务劳动形式，由县镇机关干部、企业职工、在校学生去完成，因而兴建新会人民礼堂需支付的费用不多，据说，整个工程才花了 4.5 万元。

今年 84 岁的龚甫参加了新会人民礼堂兴建的全过程。他从泥仔、学徒做到技术员。1958 年北京兴建人民大会堂时，龚甫与张东成两位参加过新会人民礼堂建设的工人，与另外 10 名广东人一道，被征召前往北京，参与人民大会堂的建设。

时间来到了 20 世纪 80 年代，新会人民会堂经过三十多年的风风雨雨，已显得有些残旧。而最重要的是安全问题。无论开会或演出，都有大量人员聚集于会堂，万一发生坍塌，后果不堪设想。为确保安全，1987 年，新会县人民政府委托权威部门对新会人民会堂进行房屋安全鉴定。经专家检测，新会人民会堂沉降稳定并在合理范围之内，墙体未出现裂缝，只是木屋架有几处开裂，屋顶石棉瓦有几处漏水，存在安全隐患，需检修后方可继续使用。

为保证与会人员的安全，也为使这一地标式建筑更加靓丽，新会县人民政府决定对人民会堂进行大修，并组成人民会堂大修领导班子。大修工程由新会县建筑工程公司承包，负责人为叶柏联，由新会县建筑设计室设计，设计室主任为施炳驹。

在新会土木建筑学会顾问刘伟成的引荐下，笔者采访到负责人民会堂大修工程的首席设计师莫春远，他向笔者讲述了他亲身经历的新会人民会堂大修期间所发生的故事。

莫春远受命负责人民会堂大修工程的设计。他先带领设计团队对新会人民会堂进行现场查看、检测，得到一系列数据后，认为会堂基础沉降均衡，且经 30 多年使用，其基础承重力可提高二成。而本次大修把木屋架换作钢屋架，其总重量比原木屋顶要轻，因此无须加大承重基础，墙体也不用拆卸，对屋顶大修后可继续使用。

莫春远说，当时就更换屋顶所用材料问题，曾进行过一番争论。用传统中国瓦肯定不行，而石棉瓦证实不够坚固耐用，且石棉含对人体有害物质，已被禁止在公共建筑中使用。若使用预应力钢筋土预制大型屋面板，又因会堂原开间不规则而无法安装。适好有人了解到深圳有家外资厂叫华南建材有限公司，生产一种新型建材叫泰柏板，县建委便安排施炳驹、莫春远等人前往深圳考察。他们了解到它是一种塑料泡沫，厚度为70.7毫米，强度较强，且有隔热效果，为1.22米×2.44米规格型材，并索取其性能、价格、安装技术、质量保证等资料。他们又了解到香港无线电视翡翠台的摄影棚屋面也是采用这种材料，效果很好，两人回来后便如实汇报。经有关方面研究，最后决定采用泰柏板作人民会堂瓦面材料，并向厂方订购了足够数量。

由于泰柏板是新型建筑材料，以前从未使用过，虽然厂方提供了一整套技术数据，但为慎重起见，承建方新会县建筑工程公司还是委托李锦勋、陈耀宗两位工程师对深圳华南建材有限公司使用美国卡文顿技术和设备生产的泰柏板随机抽样，进行荷载试验。按照当年国家颁布的《混凝土结构设计规范》和TJ321—76《建筑安装工程质量检验评定标准》（简称"质量验评标准"）的规定，对泰柏板强度、刚度和裂缝宽度、允许挠度进行荷载测试。测试结果显示，各项指标均达到"质量验评标准"的要求。工程师认为"泰柏板的特殊空腹结构，不但做到合理利用材料而且减轻构件自重和改善构件的保温、隔热性能。……当泰柏板作为简支构件使用时，构件的各部分受力十分明确：上涂层承受压应力，下涂层承受拉应力，而之字条承受剪力。这种受力状态从形式上与桁架相似，因此可以设想泰柏板分解成若干个平行弦乃小桁架"，说明泰柏板作为屋面构件是安全、可靠的建筑型材（《泰柏板的荷载试验》，新会县建筑学会：《新会县建筑技术汇编》，1990年）。

瓦面材料选定后，便开始进行屋架、天花板的设计。新会人民会堂大修新会县设计室的设计团队有几十人，负责设计的首席设计师为高级工程师莫春远。

莫春远先在县建委找到当年由钟鸣设计的图纸并复制了一份，然后参考原图标示的尺寸，逐项设计。从1988年1月至5月，莫春远带领谭向东、区宇民等人陆续设计、绘制了《钢屋架详图》《钢结构施工说明》《天花板主龙骨仰视图》《天花板平面图》《天花板剖面图》《天桥节点大样图》《支撑系统布置图》《屋架弦杆拼接详图》《上下弦支撑详图》《垂直支撑及桁条图》《∠∠详图》《节点详图》《泰柏板施工说明及节点图》等十多张图纸，经新会县建筑设计室主任施炳驹审核后，报上级审批。

新会人民会堂的新屋架按照泰柏板的外形尺寸，用角钢焊成，为梯形屋架，高3 209毫米，宽24 980毫米，起拱度为55°。所用材料按GB700—65《普通碳素钢钢号和一般技术条件》要求，采用平炉或顶吹氧气转炉3号沸腾角钢制造。焊条采用GB981—67《低碳钢及低合金高强度钢焊条》规定的T420-425型焊条。螺栓采用GB700—65《普通碳素钢钢号和一般技术条件》规定的3号钢制成。构件按GB18—66《钢结构工程及施工验收规范》（修订本）规定的要求进行制作、安装和验收。

钢屋架制造工程起先由会城泗丫船厂承接。他们把部件按图纸要求在工厂切割好后，运到人民会堂现场焊接、拼装。此时，会堂的座椅已全部拆去，座位席便成为工场。在施工过程中，莫春远发现焊工的资质达不到设计要求，便向总承包方新会县建筑工程公司提议更换焊工。总承包方接受莫春远的提议，更换了焊工，并对不合格部分构件重做或加固。

钢屋架做好后，起吊又是一个大问题。此时，会堂只拆卸中间大堂屋顶，两边走廊及大门、后台都无拆卸。侧门仅有1.4米宽，且有5级台阶，吊机不能开进去，大门虽较宽，但有9级台阶，吊机也不能开进去。几家吊装公司看过现场后不敢承接。

据莫春远回忆，承接起吊任务的是会城起重队。他们先是把普通打桩机改为简易起重机，拆卸后运入会堂工地重装。简易起重机的桩柱不够高，便在桩柱绑上钢条，上面接驳一根粗木杉，用飞缆固定，再装上吊钩。起吊前，先在梁柱顶端加装钢垫套架。第一个钢屋架起吊那天，莫春远也在现场，据他回忆，指挥起吊的是会城起重队负责人高钦和外号叫"三少"的技术员。因有二楼回廊阻隔，起吊时，要斜着缓缓吊起，待一头高过二楼回廊后，向回廊插入，再把另一头升高，越过二楼回廊后再平衡起吊。吊至适当高度，再缓缓移至柱顶，用飞缆固定，校正后，把钢屋架与梁柱顶钢垫板焊牢，再用连杆把屋架固定。整个起吊过程用了5个多小时，在场的人粒声唔出（一点声音都不出），只听见指挥员的号令，场面十分紧张。直到屋架固定好，大家才松了一口气。

新会人民会堂钢屋架共有9榀，起吊时间用了好几天。钢屋架起吊好后，便安装屋架支撑、桁条，再铺放泰柏板。

泰柏板的施工由新会县建筑工程公司负责。按设计要求，每块泰柏板的各边增加低碳冷拔钢丝，钢丝的抗拉强度为每平方厘米200公斤；在泰柏板两面用100#水泥砂浆作结构层，水泥砂浆厚度为25毫米，加厚后的总厚度为107毫米，在板底四角预埋钢板作焊接件；每块泰柏板与槽钢桁条焊接为3处，每处焊缝长度为4厘米；两块泰柏板之间留1厘米接缝，用以灌注防水胶。

新会人民会堂使用的防水胶是由上海一家化工厂提供的，经试用，发现日晒后出现许多气泡，气泡穿后就会形成小洞，导致漏水。经向厂家反映，厂家更换了配方，但仍有少量气泡。工程技术人员商讨补救办法。有人提议在泰柏板外加盖星瓦，这样既可遮蔽泰柏板不受太阳直射而避免防水胶遇热产生气泡，又可延长泰柏板的使用期，还为屋面加了一个隔热层。大家觉得很好，于是便设计出方案让领导审批。方案获批后，施工人员便在泰柏板上加装一个轻型角钢屋架，再在上面铺上镀锌星瓦。两层瓦面之间相隔80厘米，这层空隙又为检查人员提供了方便。据新会区房屋安全鉴定办公室主任余建平说，他从2006年起，每年都钻进这个夹层对会堂的屋顶进行一次安全检查，觉得既方便又安全，如若没有这个夹层，安全检查则十分困难、危险。

由于大修后屋顶星瓦的颜色、款式与原来的石棉瓦十分接近，不知内情的人认为工匠们技术高超，修旧如旧。

屋顶瓦面做好后，便做天花板。天花板长 36.25 米，宽 24.5 米，总面积 888.1 平方米，全用夹板做成，由新会县建筑工程公司施工。

屋顶工程完成后，又把内外墙粉刷一新，也由新会县建筑工程公司负责。

之后便是安装灯光、音响、空调，由新会县建筑工程公司发包给具有资质的专业公司施工。

观众席的座椅，大修后由原先的硬座改为软座，两排改为三排，座位数缩减为 922 个（一楼 742 个，楼座 180 个）。

1989 年秋，大修工程完成，焕然一新的新会人民会堂呈现在人们眼前。大门上方，嵌着由国务委员朱学范题写的"新会人民会堂"六个大字。据说，整个大修工程总耗资 100 多万元。

后续又在舞台后面扩建一长 23 米、宽 6 米的两层厅房，一楼用作化妆室，走廊与舞台相通，二楼用作主席团会议室。

2005 年，再在化妆室后扩建 7 米 ×18 米的演员休息室。新会人民会堂便有了现在的布局。

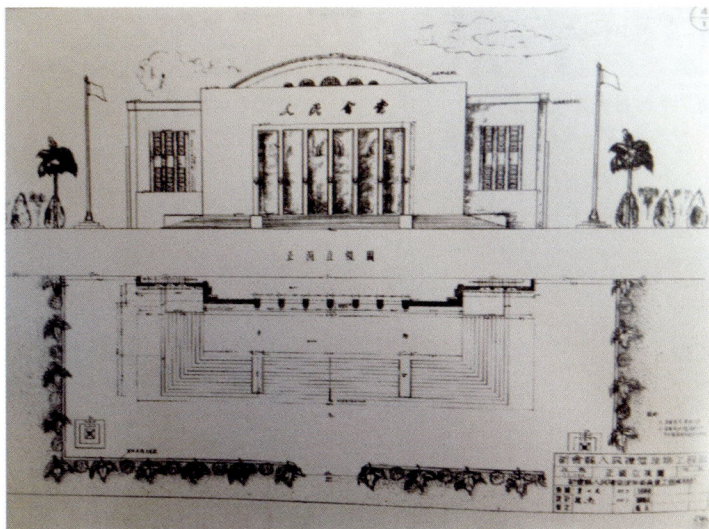

新会人民礼堂设计图
（图片来源:《楼台生辉　先辈流芳》）

刚建成的新会人民礼堂
（图片来源:《楼台生辉　先辈流芳》）

1959年的新会人民会堂
（图片来源:《一城锦绣》）

1969年的新会人民会堂
（图片来源:《一城锦绣》）

2012年的新会人民会堂（李兴发摄）

小冈仓前的革命斗争史 [①]

◎李悦强　利华新

双水镇小冈仓前管理区位于潭江南岸，与七堡镇仅一河之隔。全区有仓前、连仓、仓湾、大湾、石桥、福庆、南庆、广文、石叟、中心、东岸、冲边等 12 个自然村。新中国成立前夕有 335 户人家 1 325 人，耕地面积 2 246 亩。在二十世纪三四十年代，国内社会治安极差，匪贼猖獗。鱼米之乡的仓前在潭江河畔，一片片稻田犹如棋布的村庄，人来人往，熙熙攘攘。1941 年 5 月至 1945 年 8 月，活跃在新会的抗日游击队早就看中小冈仓前这块"风水宝地"，中共新会县委地下党组织先后进驻双水桥门、小冈仓前等地。

抗日纪念勋章

党组织的建立及其活动

1946 年 6 月，中共新鹤县委根据江南地区革命斗争的需要，派遣党员李

[①] 本文图片均由双水镇仓前村委会提供。

思硕、崔平到仓前小学任教作掩护，建立了我党地下交通站，负责联系小冈、七堡、双水、崖西、崖南等地的农村党支部及党员。

河涌交错、绿树掩映的仓前村里，坐落着一间不惹人注目的仓前小学，它既普通又神秘。说它普通，因其其貌不扬且简陋；说它神秘，因它曾经是抗战地下联络站、解放战争地下工作站。

1946年7月李思硕调走，上级派曾国棠（共产党员）到仓前小学任教，加强交通站的领导，仓前交通站工作由曾国棠负责。1947

崔平

年底上级派党员李海怀接任曾国棠，负责领导仓前地下党和交通站工作。1948年2月，仓前小学成立了党支部（属新会区委领导），组长李海怀，成员有崔平、戚远、陈高、赵宋共五人。解放战争时期，先后到仓前活动的党员还有李克平、陈华琪、李寿祺、梁志云、容顺英、何桃、李启安等。1947年夏，新会特派员冯光在仓前举办一期党员干部学习班，主要内容是对梁志云被捕一案的审查和学习关于"隐蔽待机"的方针，研究蒋管区形势，部署新会工作，时间为一个星期。

1948年9月，中共新会区委根据上级指示组织江南地区武装斗争，建立了潭江南岸桥头堡，派梁志云回小冈仓前组织武装力量。在仓前地下党的共同努力下，做好实力派工作，为新鹤部队进入江南地区开展斗争提供了安全保证。他们还发展了地下组织骨干，输送年轻人到前线加入革命队伍，传送可靠的重要情报，筹集战备物资，接办上级文办的任务。该工作站的工作扎实，曾多次受到上级领导的肯定。

1948年10月到1949年8月间，新鹤部队领导冯志谦带领游击队干部谢柏如、李启安等同志下江南，并以仓前为立足点，组织和布置江南地区地

下武装开展革命斗争。因此，仓前从 1946 年 6 月至 1949 年 10 月是我党一个安全隐蔽点，三年来在仓前隐蔽的地下党员有曾国棠、李克平、崔平、陈华琪、赵守、戚远、陈高、容顺英、何桃等，成为江南地区武装斗争的指挥中心，为保存我党实力、迎接江门解放作出了重大贡献。

建立农会，组织民兵武装

为把农民组织起来，1948 年 5 月，崔平根据上级的指示，与进步人士梁海（仓前小学校长）深入仓前各村，组织进步群众建立秘密农会，会长梁汉栋。初期有会员崔琼、梁小亚、梁寿槐、梁汉栋、梁钦、梁统用、梁细、梁明、梁大鼻、谈苟等 10 多人，后逐步发展到 30 多人。农会成立时要宣誓，监誓人陈华琪。

梁海

农会成立后，在党小组的领导下广泛发动群众，开展抗"三征"和减租减息运动。1949 年 5 月，国民党江门监农社驻小冈特派员余毓群勾结仓前地主恶霸，准备成立伪自卫队，企图借收保安费名义，按田亩加收稻谷 40 斤来盘剥群众。仓前党组织得知这一情报，立即组织农会，发动群众与其论理，并抗交田租 100 多担，迫使反动势力取消成立伪自卫队和加租计划，从而保障了群众的利益。1949 年 5 月，仓前党组织根据斗争形势需要组织农会会员打入老更队，同年 7 月，老更队完全掌握在农会手里，这时老更队队员全部是农会会员。1949 年 8 月，农会又发动群众把公偿钱交给农会，购买了国民党广州 157 师一些散兵游勇的枪 30 多支，从而壮大了仓前民兵武装。仓前老更队除维护社会治安外，还组织队员为我地下交通站递送文件、书信和宣传资料，来往七堡、小冈、双水上凌等地，解放前在党的领导下，仓前农会为江南地区武装斗争作出较大的贡献。

建立"两面"政权

仓前小学是我党在新会的一个重要秘密地下交通站，要确保党员同志在此安全隐蔽，就必须控制和掌握乡政权。

1946 年 8 月，曾国棠通过仓前小学校长梁海做好乡长梁松及地方实力派人物的统战工作。梁海与乡长、副乡长宣传进步思想，促使其同情共产党的主张，从而使乡长梁松对地下党在仓前小学的活动视而不见，不闻不理。

1947 年 12 月，为了进一步控制乡公所，曾国棠派遣梁果林（当时是发展党员对象）经梁海的关系打入乡公所当文书，从中了解国民党伪政权的动向，并及时向曾国棠汇报，保证了以教师身份在仓前小学隐蔽的共产党员的安全。经过梁海和梁果林长时间的统战工作，提拔进步人士梁汉烈为副乡长，把革命力量渗透到伪政权之中，使伪政权的情况及时被我党组织和农会所掌控。

梁果林

1949 年 5 月，国民党江门监衣社驻小冈特派员余毓群勾结地主恶霸企图成立伪自卫队，保护其反动势力。这一消息被梁果林获知后，立即向我党组织报告。通过内外结合，迫使反动势力取消成立伪自卫队的计划，从而削弱了国民党在仓前的势力，保障了仓前群众免遭欺压和盘剥。

开展地下武装斗争

1948 年 9 月，新会区委决定派党员在潭江南岸的小冈、七堡两地活动，在那里建立潭江南岸桥头堡。梁志云被派到小冈，负责组织小冈的武装力量，与武工队联系，方便过江。建立桥头堡的主要作用是配合江南总队，地方党在第二线上，不公开露面。小冈仓前点的任务是负责游击区与新会地下党的联系，形成这一带的交通线，开展较为隐蔽的活动，负责沟通、联络、传递信息和接应。1949 年春节前，曾国棠在江门召集梁志云、李寿祺开会，详细检查总结小冈、七堡有关组织地下农会和建立江南桥头堡的试点工作情况。1948 年至 1949 年，新鹤县工委委员、新高鹤部队负责人冯志谦三下江南，都是以仓前点作为落脚点，在这里指示部署江南一带开展武装斗争。在党组织的领导下，组织了以民兵为主的地方武装力量，与伪政权进行斗争，帮助武工队传递文件、书信，为迎接解放作出重大贡献。

仓前人民在解放战争时期为革命作出的贡献

（1）仓前人民在解放战争时期，长期担任保卫，掩护地下党组织的人员在仓前进行隐蔽活动。三年多来，在仓前安全隐蔽的党员有曾国棠、李克平、崔平、陈华琪、赵守、戚远、陈高、容顺英、何桃等。由于保密工作细致、隐蔽，所以交通联络站从未暴露过，直至解放。

（2）仓前是新鹤部队在江南地区潭江南岸开展武装斗争的桥头堡和交通中枢。新鹤工委冯志谦三下江南，就在仓前组织和指挥江南一带开展武装斗争。

（3）仓前农会在党的领导下，坚持与反动势力作斗争，迫使反动派取消成立伪自卫队的计划，并抗交田租稻谷 100 多担。同时，农会积极配合地下党组织递送文件和情报到江南各地。

（4）仓前农会发动群众，把公偿款 3 000 多元交给农会买枪支 30 多支，为壮大人民武装力量作出较大贡献。

链接

梁海简介

梁海（原名梁东海）于 1924 年至 1932 年在仓前小学读书，后转读香港中华中学。毕业后曾在英国驱逐舰及香港洋船当小卖部售货员，在抗日战争期间，于1940年毅然舍弃经商优越生活，不顾自身安危，参与抗日。他由鹤山大朗南洞一带的地下党领导人容宗英动员回国参加东江纵队，奉命在鹤山南洞学校、金闸学校、开平水口狮山学校、小冈仓前小学、司前白庙等地开展地下工作。

1946—1949年，梁海在新会小冈仓前小学任校长。接组织指示后加强学校各项工作，主要配合领导地下组织骨干引导进步学生参加前线革命队伍，组织交通站人员传达可靠情报，筹集物资，安排掩护、转移地下党主要领导。梁海家又是一个备用的交通站，有时在梁海家接头就由其母亲放哨看风。

梁海于1982年改退休为离休。2011年根据上级文件精神，享受副处级待遇，还获得了中共中央、国务院、中央军委颁发的纪念抗战胜利六十周年的纪念章。

链接

崔平简介

崔平，中共党员、工会会员。广东省新兴县人，1942年2月在新兴县坝塘村参加革命和加入中国共产党。入党后，她接受组织的安排，以教员为公开职业，从事地下革命工作，于1944年8月在高鹤游击队司令部工作，1945年2月在焦山战斗中不幸被俘入狱。释放后，于1946年6月经地下党的介绍到新会小冈当小学教员，继续进行革命活动，直到全国解放。

解放后，从1950年1月起，她先后在新会县罗坑公社、新会县人委民政科、茂名土改队、新会县人事科、新会县机关幼儿园、新会县侨务科、商业局幼儿园等单位工作，担任过妇女干部、科员、乡干、所长、副科长等职务。后因病住院医治无效，于1981年9月3日逝去，终年58岁。

25 沙堆将军山的革命故事

◎整理：李如松

　　1941 年，在沙堆将军山对日伪军的反攻战斗中，我军士气旺盛，奋不顾身，与敌军激战两个多小时。这是当年江门、新会地区沦陷以来最为激烈的一场战斗，我军牺牲十八名将士。真是：沙场殉国沙堆土，将士成仁将军山。

新建位于将军山半山腰的将军亭

日军入侵沙堆

　　1940 年 6 月，抗日游击队联合那伏高勤部，袭击驻那伏的日伪军，生擒伪华南派遣军总司令方正华，全古井区为我军控制。但日军上尉村上逃回江门后，恼羞成怒，指挥日军飞机三次轰炸沙堆地区，造成沙堆前所未有的浩劫。当年，日军的铁蹄已踏入广州两年多，佛山、江门、会城亦沦陷了两年，珠三角广大地区的大小城镇大都落入日军手中。新会只余沙堆、银洲湖以西和新开公路以北的地区由我军驻守。

1941年农历五月初六下午3时，一队约百名日伪军，由古井经官冲越过牛牯岭，沿沙西南厚大路闯入沙堆。他们收下太阳旗，声言是国军，入宅美村、岗美村，出莲塘村闸口，开枪击伤一警察（后致死亡），由沙堆圩到云居祠（今沙堆中学）驻扎过夜，在上山头（山名）高点设哨。

我军连夜渡河布防将军山

日伪军入侵沙堆时，我军情报员立即赶往双水天亭，将日伪军的人数和武器装备等情况向指挥部报告，指挥部迅速作出连夜渡河痛歼敌军的决定。出发部队计有第七战区挺进第七纵队司令彭霖生的弟弟彭国彬一个连，钟炎如、赵不惊各一个中队，高勤率两个中队（李中堂、高澄波），廖仲轩和周汉堂各率一个中队，共约600名战士从银洲湖渡河，在古井长乐登陆，翻过牛牯岭到达沙西第二山对面的龙湾村。天明，指挥部设在将军山对面的园山仔（土名）。军事会议后，各队出发布防，具体为岗美村坑边一个小队，南边村左边山咀一个小队，右边山咀一个中队，老虎坑（土名）一带两个中队，留一个中队为后续部队。彭国彬连队一部分战士布防在将军山山顶。沙角村村民被我军保国卫土的精神感动，纷纷煮粥端茶，慰劳战士。有十多人协助部队把钢炮抬至南安村前望牛石（土名）阵地上，还有人协助战士在山顶挖战壕。

将士丹心酬祖国，英雄碧血沃青山

农历五月初七上午8时，望牛石的炮声一响，反攻开始了。由于望牛石与云居祠的距离较远，又或许目标计算误差，第一炮未击中云居祠的日军驻地，第二炮也未击中。日军听到炮声，从望远镜中发现了将军山山顶的我军，立即集合，跑步沿公路而出。至公路桥，一个日军领头兵被我军伏击在小山的神枪手一枪打死，大队敌兵不敢再前进，向左折入升堂村和南边村，再分为两路，一路攻南边左小山，一路攻右边的山咀。敌军向左山咀的我军发起攻击，遭到我军的顽强抵抗。此时，在老虎坑周围小山的我军齐向敌人开火，掷弹筒、手榴弹齐响。敌军以山坟作掩护，架起机枪向我军扫射，在机枪火力掩护下占领了山咀。我军被逼撤到第二道防线。此时，敌军开始进攻老虎坑，但我军居高临下，以机枪、手榴弹等阻击，日军难以攻下。南边村右面的山咀，战斗最为激烈，敌人以掷弹筒轰击，欲乘浓烟前进，但也被守在山顶的我军击退。日军见我军据壕坚守，就派兵扛两挺机枪蹿到南边村山边的水泥楼，威逼村民胡世兰打开楼门，在楼顶架起两挺机枪，向山上我军疯狂扫射，掩护其正面进攻部队前进。

就在我军撤到第二道防线时，指挥部接获情报：古井敌人将派来援兵四百人，骑兵和炮兵由古井文楼经大迳（沙堆流水响的山路）出白美堂（土名）。此时，战场上空出现敌人的飞机，斗门方向的河面上有敌人汽艇，于是我军下令让部队向梅阁方向撤退，渡河过斗门，晚上再返回双水。但坚守在山顶的彭国彬连是最后撤离战场的。在三面受敌又没有友军掩护的情况下，将士们凭着战壕与敌人进行顽强战斗。因此，撤退时我军牺牲不少。我军从将军山撤至沙角村时，沙角村多名妇女从家里拿出粽糍送给战士路上吃，可见抗御外侮人人有责。

我军撤退后，古井敌军援兵已到，追至沙角村宝鸭山（土名），在山上架起山炮，向骑门迳方向轰击，但此时我军已渡河撤到斗门了。由于敌我军事力量悬殊，将军山最终失守，沙堆沦陷。

此次将军山反攻战斗，我军死伤四五十人，为国捐躯的包括彭国彬连长在内共十八人。烈士遗体由当年的达善医所埋葬，伤兵随军撤至双水。而日伪军伤亡也不少。

链接

据沙角村村民曾雨顺所述，他当年被日军拉去沙角九村扛木料，日伪军把此村十七户的木门、禾桶、木梯、小板凳等木料搬去，用于火化日伪军的尸体，烧了两日两夜。他眼见日伪军尸体有五六堆，放在公路边，每堆有十具八具，伤兵十多名由马匹驮往古井。

原陈炳炽纪念碑

原纪念碑及凉亭

忠勇可嘉：华侨募款修建烈士陵墓

抗日战争胜利后，加拿大温哥华沙堆侨安总会敬将军山抗日烈士忠勇可嘉，特募款修建将军山抗战阵亡将士陵墓及碑亭。当年由宋华宽、廖延佐等归侨协同新会沙堆乡公所办理。陵墓及碑亭建在将军山下的猪山（地名）。四周植以青松、红棉，陵墓前建有一座亭，供后人祭奠。亭的上面有一座持枪站立的抗日战士水泥塑像，陵墓对联是"十八头颅同一掷，五七战绩祀千秋"（"五七"指农历五月初七）。陵墓前左边约五米之处，建有原国民党陆军暂编五十四师二团一营少校营长陈炳炽纪念碑。纪念碑有一代名将张发奎题字"浩气长存";纪念碑镶嵌陈炳炽戎装半身瓷像,碑中刻着"陈故营长炳炽纪念碑",下方署名为抗日名将薛岳。右边建有纪念碑和凉亭,纪念碑有抗日战争期间先后任全国防空委员会厅长及防空总监等职的将领黄镇球的题字"忠魂不朽"。

由于历史的变迁,原将军山抗战烈士陵墓和纪念碑亭已变成工厂。可喜的是,工厂老板为了让后人永记将军山那段抗日英雄历史,不惜花巨资,另在半山腰择地重建将军亭和高大的纪念碑各一座,上书"抗日壮士浩气长存",供人们祭奠。

链接

陈炳炽是沙堆镇沙西村东成里人。他年轻时考入国民党中央航空学校,后来又在陆军军官学校学习,由上尉参谋、上尉连长、少校团副,升为少校营长。陈炳炽于1942年冬与日寇作战,在湖南汉寿黄岭岗殉国,年仅三十岁,葬于南岳衡山忠烈祠。乡人及海外华侨以他忠于祖国、忠于民族,为他树碑。

笔者按:(1)本文根据《沙堆侨刊》前主编廖龙业先生、副主编陈恩海先生生前的回忆文章整理。

(2)本文的黑白照片是一位读者到加拿大探亲,在温哥华沙堆侨安总会翻拍提供。

(3)笔者是沙堆沙西乡岗美人,小时候经常听长辈讲述我军在将军山抗击日伪军的故事。20世纪60年代,我们村中的小伙伴经常利用周日时间结伴到将军山抗战烈士陵墓玩,并登上山顶,在当年的战壕里玩耍。下山时,还在山中的石头下寻找子弹壳。因此对当年将军山抗战烈士陵墓的情景印象较深。

大泽五和二社旧址

◎邓龙海

　　五和二社（同和村的旧称）旧址是 20 世纪 50 年代五和二社社委会的办公场所，是周恩来总理 1958 年 7 月 2 日视察五和二社时召开干部和群众座谈会的场所，也是周总理在新会视察活动的重要场所之一，全称为"周恩来总理视察新会大泽乡五和二社社委会旧址"。

　　1958 年 7 月 1 日，周恩来总理风尘仆仆、轻车简从来新会视察，连续 7 天在新会深入基层调研和指导工作。7 月 2 日下午，周总理在新会县委第一书记党向民的陪同下，前往大泽五和二社调研水稻育种情况，看望农民育种专家周汉华。其间在五和二社社委会与 30 多位社干部和社员进行座谈，询问社员的家庭生活、收入分配等情况。

　　五和二社旧址位于大泽镇同和村委会虎爪里。始建于中华民国初期，旧址为典型的客家民居，风格古朴，建筑布局颇有气势。五和二社旧址为单层两进深三开间建筑，占地面积为 176 平方米。墙身主要由青砖砌筑，两侧山墙为泥砖墙。中间前部是堂屋，后部为大厅，前后两进被天井隔开，左右两间为厢房。天井右侧为厨房，左侧为洗手间。前壁屋檐下画有壁画。1964 年，村里将这幢房子安排给陈苟妹一家居住。

　　五和二社旧址经过近百年的风风雨雨，已破旧不堪，维修已迫在眉睫。为做好保护五和二社旧址这一珍贵的历史遗产的工作，2008 年新会区委宣传部、新会区委农村工作领导小组办公室、大泽镇人民政府共同筹资 10 万元，在旧址旁边兴建一座 100 多平方米的新房，搬迁安置陈苟妹一家，将旧址空置出来，为进行维修做准备。

2008 年 8 月间，时任区委常委、宣传部部长吴瑞群在大泽镇领导的陪同下到同和村五和二社旧址调研，对开展遗址保护和维修工作提出了要求。其后，区、镇有关领导多次到实地进行察看，根据旧址现状制订了维修方案。

2012 年，区老促会、农业局、大泽镇人民政府共同投入 38 万元，根据以保存原貌为主的原则对其进行维修。修葺主要工程有：原有屋面拆除，重新进行屋面铺设；对已经开裂的墙壁拆除重新砌筑；墙壁及屋檐重新画上壁画等。

2013 年 3 月维修工程完工之后，镇政府有关部门、同和村委会通过走访老党员，收集村民捐赠有关实物等工作，再根据历史文字、照片等有关资料，精选了有关当年周总理视察五和二社时的照片、题词和实物等进行了首次布展，设有多媒体影像区、陈列室、大厅，展存了当年周总理视察五和二社时的足迹照片、对大泽公社和农民育种专家周汉华的题词、空气电池灯（仿制）、上海牌手表（同款）、八仙桌、长板凳等实物，力求最大程度地将周总理当年视察五和二社的原貌展现出来，布展后对外开放。自 2013 年以来，又几经小修缮和调整布局，增添布展材料和实物，不断加以完善，同时安排专人进行维护和日常管理。

2020 年，大泽镇委、镇政府响应"挖掘红色资源、传承红色基因"号召打造特色旅游线路，充分挖掘和利用红色资源，以 1958 年周总理视察五和二社的"历史足迹"为红色资源，投入 200 多万元新建了同和公园、第四队队址、周汉华实验田等，并对五和二社进行重新布展修缮。同和公园由墙画、宣传栏、休闲广场等构成。公园侧边的同和第四小组队址展示了过去村民劳动生产和生活的物品，如水车、风柜、禾桶、犁耙、竹篮、水桶、瓦罐等。周汉华试验田种有水稻、玉米、甘蔗、柑橘、豆类等农作物，复原了当年周汉华试验梯田情景。五和二社旧址在挖掘周总理视察的基础上，新增了周汉华事迹和五和二社旧址历史沿革。

如今，五和二社旧址与邻近的同和公园连成一体，进一步增添了红色教育基地的吸引力和感染力，吸引着更多的党员干部、群众前来重温总理足迹，牢记初心使命。

大泽镇五和二社旧址（大泽文体服务中心供图）

基背抗日纪念公园

◎利华新　李悦强

　　远去的战火岁月啊！消散已久的硝烟，已经成为少有人知的历史故事。谁还记得那一个个为了国家和民族的利益而英勇奋斗的鲜活的面孔？谁还记得那一桩桩悲壮卓越的往事？只有这物是人非的炮楼，它那斑驳的身躯、凹陷的弹孔引发后人的回忆，它见证了当年战火纷飞的年代。它告诉我们：今日的和平是革命前辈用血肉换来的，我们生活在这升平盛世，享受这温暖的阳光，千万不可沉浸于今日之乐而忘记家国仇、烈士恨！

基背抗日纪念公园①

---

① 本文图片均由利华新拍摄，其中最后一张图片为利华新拍摄基背村老人院墙上照片所得，手绘图示亦为利华新所绘。

为缅怀抗日先烈的英雄事迹，教育下一代，振兴中华，为国效力，基背村委会，香港余氏宗亲会、五堂会，建亭立碑。2004 年在基背村南观里建立了抗日纪念公园。整个公园占地面积 1 000 多平方米，大门上篆刻着"保家卫国斜楼鉴日月，抗敌奸倭正气壮山河"的对联，公园内正对公园大门的是纪念亭，亭的正面上方有"浩气忠魂"四个大字，两侧的柱子上刻有"银湖碧水永驻英雄气，梓里乡亲常萦先烈魂"，亭内纪念碑上方刻写着"抗日先烈永垂不朽"几个金光闪闪的大字，下方碑记刻写基背村抗日事迹。公园门左侧是一间展览室，展览室内陈列着当年村民抗击日军的资料以及珍贵的历史画册。基背抗日纪念公园建立以来，参观的人群络绎不绝，其中多数是中老年人和青少年学生。他们缅怀抗日先烈的英雄事迹，要世代承传先烈的光荣传统，继续为国家利益、民族的利益，为人民的幸福，为世界的和平努力奋斗！2005 年 4 月，双水基背抗日纪念公园被评为双水镇中心小学德育基地，2006 年 11 月被评为新会爱国主义教育基地，2010 年 12 月被评为江门市爱国主义教育基地。

起　因

基背村位于银洲湖边，是一望无际的沙田区，实属鱼米之乡。村民一直以务农为主。解放前该沙田区归属未定，当时盗贼骚扰耕作及抢割现象经常发生，曾有数名村民被盗贼打死。先辈余仲谋等人为了该沙田区归属而打官司，胜诉后夺回归属权〔该沙田区为鲤鱼冲十字冲口至沙口咀（地名）一带水田〕，后归基背三乡所有，并成立护沙队，保卫该沙田区耕作安全。继而成立合群学校，聘请名教师任教。成立的当天，由鲤鱼冲人余文英（化名飞机英）驾机在学校上空盘旋，当时群情激昂，欢欣鼓舞，热闹非常。但 1944 年敌人用计捉走三名护沙队员，扔到三江沙仔海面活活淹死。村民为了加强护沙的力量，在鲤鱼冲十字冲口及基背水塘口两地各建碉楼一座，加强武装巡逻护耕，确保村民安全耕种。

抗日战斗史实

1945 年 7 月 8 日（农历五月廿九）下午四时左右，村民们正在村后扶起被台风刮倒的大榕树，侵华日军中渠师团，其警备队长三宅俊夫、密探队长莫某在汉奸吕某等人配合下，扬言基背村藏有华军和大量军火、粮食，因而从三江沙仔乘汽艇过海，在鲤鱼冲五帅庙登陆转到竹咀村。当时有鱼冲兄弟余冀、余钜汗流浃背跑步前来报讯："有大批日本仔来啦！"全村男女老少即时四散奔逃，当时乡长余和共、余礼灼和执事父老随即下令："凡是乡自卫队员及持枪者一律不得走，准备保村抵抗战斗！"

在余和共乡长指挥下，余礼维、余冀、余钜、余岳文等人快速前去守卫村北主要防线。当时众志成城，兵分四路布防。北防线余钜、余岳文发现有个日本人攀上竹咀村大榕树用望远镜瞭望时，随即开枪，日本人当时中弹从树上落下身亡，原来他是日寇指挥官。

日军因指挥官被击毙，即放军鸽报讯驻古井的日军，派了两艘长船满载日军及重炮增援，直驶至基背冲口，企图登陆，被守东线东楼的自卫队一轮扫射。日军伤亡惨重，不敢登陆，于是窜到五帅庙绕道而来。农历六月初一，日军大举进犯。看守西北围墙防线的余礼灼、余岳文等 20 余人发现日军后即开枪抗击，战斗持续一小时之久，打死数名日军，我方余龙祚不幸牺牲，余武护、余乐宏、余母拆、余本、余牛迎被打伤。后方村民没有军事知识，被日军冲散，再打巷战，且战且走。在敌强我弱的情况下，我方被迫据守镇北楼和黄泥楼（即斜楼）等制高点，被日军重重包围几天。后由余玉书前往天亭请兵救援，派了联防队长黄景云在南边布防。西边由林武祺布防，在楼墩一带虚张声势，牵制日军。东边由自卫队员冲入。当时守卫在镇北楼的几位队员被敌人诱骗下楼而壮烈牺牲。而村中心黄泥楼被日军用火攻，又在楼门侧凿孔，准备用炸药爆破大楼。余冀一轮机枪扫射，将几名日军打死在楼前。当时楼内几乎弹尽粮绝，被困人员只好吃冬瓜充饥。后来，日军又调来几门大炮轰楼，也未得逞。几天后，余冀当机立断，决定撤退，把三楼的窗口铁枝撬弯，队员一个个爬绳滑下涉水撤离。余冀手持机枪开门突围作炸断后掩护，英勇机智，胆识过人，为保村立下一大奇功。日军占村后，奸淫妇女，掳掠财物和粮食，无所不为。

这场战斗，基背村阵亡的壮勇和死难者22人，受伤6人，另外死难者还有祝斗村7人，竹咀村1人，鲤鱼冲村2人，南观里2人。而日军也付出相应代价，被我壮勇击毙15人（其中指挥官1人），为我新会县抗日战争又树立一座丰碑。

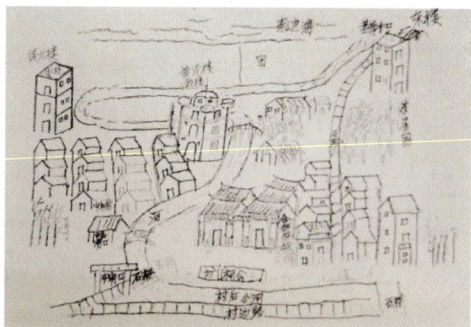

基背乡抗日战斗示意图

抗日自卫队健在的老队员在楼门前缅怀牺牲的烈士
（由左至右为余武护、余能、余观鹿、余礼约、余松、余祖安）

孟子说："生于忧患，死于安乐。"我们欲想长治久安，心中不可忘记忧患。我们要和平，憎恨战争，却无法阻止战争的发生，我们要像先辈们一样不怕牺牲，用自己的智慧和血肉制止战争，才能捍卫和平，长治久安！

革命老区井岗村

◎谭凌江　陈秀琴　黄嘉诚

井岗村，是广东新会一个古朴的山村，是革命老区。横亘在古冈州大地上的圭峰山脉，方圆数十平方公里，自西北由鹤山市的皂幕山逶迤而来，丛山峻岭重叠，山高林密起伏。老区大泽镇五和井岗村，就在圭峰山西南麓的旗山、黑山脚下，山村依山而建，南面潭江，幽静安谧。

井岗村是抗战初期新会党组织最早在农村恢复开展革命活动的地方之一，井岗党支部是当时中共新会区工委直接领导的三个农村党支部之一，也是经历抗日战争、解放战争而坚持革命斗争的新会为数不多的农村党支部之一。这三个"之一"，难能可贵。

坚持在前线敌后斗争的井岗党支部

这是曾任井岗党支部书记，解放后历任新会县人民政府副县长、新会县委副书记等职的谢柏如同志于 1983 年 9 月为新会县委党史资料征集而写的回忆文章题目。

时间回到烽火连天的抗日战争时期。1937 年"七七事变"之后，抗日战争全面爆发。1938 年春天，根据中共广州外县工委指示，中共新会区工委成立，共有党员 110 多人，下辖 10 个支部，其中 3 个农村支部（井岗支部、三龙支部、荷塘支部），井岗支部是其中之一，且是农村支部中建立最早的一个。

1939年1月，新会区工委根据中区特委的指示召开党员代表大会，动员做好抗击日伪入侵准备，决定把党的工作重点转移到农村，建立抗日根据地，加强党的思想、组织建设和统一战线工作，建立党领导的抗日武装。会上，选举产生中共新会县委。其时，县委下辖13个党支部，在农村有7个支部，井岗支部仍然位列其中。

1939年3月底4月初，日寇攻占江门、会城，控制了新（会）开（平）公路和潭江水域，新会潭江南北两岸的交通受到阻隔。由于江北沦陷区和江南国统区党组织所面临的任务和斗争策略不同，其时，中共中区特委决定撤销新会县委，把新会潭江以北地区（含会城等）与鹤山县合并，成立新鹤县工委。新鹤县工委在新会辖属的党组织有8个支部，井岗党支部在其中。

1941年至1945年，抗日战争进入艰苦阶段，新会农村党组织遭受严峻考验，个别农村支部被破坏，组织解散、支部解体，但井岗党支部的革命红旗仍然屹立不倒，坚持斗争。

1945年9月至1946年7月，井岗村仍然为中共新鹤县委领导下的7个新会农村支部之一。

1946年7月至1948年7月，全面内战爆发，中区人民抗日武装部分人员随东江纵队北撤山东解放区。中共广东党组织为保存革命力量，决定地、县两级党委停止组织活动，改为特派员单线联系基层组织，井岗支部仍是新会特派员联系的7个基层支部之一。

1948年3月到1949年10月底，为适应当时武装斗争形势需要，恢复地、县两级武装统一领导的党委制，由新（会）开（平）鹤（山）县工委负责联系井岗等两个支部和其他点上的党员。这个时期中共新会区委下辖的7个党的基层组织仍然有井岗支部。

井岗村是革命老区抗日根据地

走进井岗村，井岗村三面环山，呈盆状地形，地势北高南低且东西两侧高而中间低，这种山区独有的地形地貌，在抗战时期具有很高的战略价值。确实，井岗村与邻近同属圭峰山区的同和村、潮透村、桥亭村和沙湾村一样，都是当年的抗日根据地和抗日游击区。

另一位曾任井岗支部书记的老同志谢悦，撰文回忆抗战时期的井岗村：我的故乡大泽，北面圭峰支脉群岭逶迤，与鹤山接壤，南临潭江，东距会城几公里，西与司前为邻，新开公路与新宁铁路横越而过，境内水网地带与丘陵地带各占一半，原是山清水秀、土地肥沃、交通便利的好地方。井岗村靠近新（会）开（平）公路边，是三面环山的小村。全村50户左右，200多人口，有10多个姓氏，是一个杂姓村。

1938年1月，在南海县理教乡工作的共产党员梁和洲返回新会。党组织派他到第十五区大园乡井岗村开展工作。

1938年初，中共江会支部在第十五区（大泽）大园乡（五和）井岗村学校召开全体党员会议，讨论加强党的建设和加强抗日救亡运动领导等问题。会上成立中共新会区工委。新会区工委根据中共广东省委的指示，工作重点向农村转移，陆续派员下乡建立抗日据点，发展党的组织，建立多种形式的人民抗日武装，为开展游击战争做准备。

梁和洲以教书为业，在井岗村组织青年读书会，举办农民识字班，团结青年群众开展抗日救亡活动。他根据新会区工委做好党建工作的指示，在抗日救亡运动中，积极培养积极分子，为在农村建立党组织创造条件。1938年5月，发展了谢柏如、谢悦、谢恩永、谢章兴等5名青年入党，成立井岗党支部。这是新会恢复党的活动后最先成立的农村支部，为新会建立农村抗日据点积累了宝贵经验。

1939年夏天，在党支部会议上，研究分析情况，商讨如何发动群众、组织群众。谢柏如首先发言，他说："群众一向受到邻乡大族的恶霸、流氓的欺凌，历来是团结、齐心的。建党后，经过广泛、深入的抗日救亡宣传，群众有一定觉悟。目前人心虽乱，如果我们迅速将原来的积极活动分子组织起来成立自卫队，晚上维持地方治安，日间放哨警戒，监视日寇行动，组织群众抢种农作物，同时分工串门登户，宣传抗日救国道理，提高群众认识，人心就会逐步安定下来，积极性也就逐步调动起来了……"支部反复讨论后作出了决议，进行具体分工，并分头贯彻执行。经过短时间的工作，群众情绪逐步安定，新组成的自卫队轮流值日放哨，监视日寇，群众抓紧时机抢种抢收农作物。接着，在江会地区沦陷前已成立的民众夜校，又在井岗旧村复课了。在党组织领导下，大众一心、共同御敌的热情洋溢在整个小山村。

1939 年秋，日寇在会城、新开公路"扫荡"，保安第七团在大园乡井岗村后山阻击日军。井岗党支部发动群众煮粥、煲茶，做好抗日后援工作；组织"抗先"队员上阵地救治伤病员。当第 156 师 468 团在将军山、学堂山、响水桥一带阻击日军西犯时，井岗党支部又发动群众捐款购物，前往慰劳抗日部队。

1940 年初，在大泽成立中共新会第十五区区委，区委下辖田金、井岗、聚龙、桥下和鹤山云乡、大朗等地的党支部。

随后，中共新鹤县工委陆续派黄斗桓、周仲荣、谢章兴、钟兆棠等一批党员到第十五区区公所工作，掌握了"白皮红心"的政权和人民抗日武装——第十五区区队。

1942 年入冬以来，全县各地建立交通站，除江门、会城之外，在农村的田金、井岗、桥下等村陆续建立了交通站。井岗交通站由共产党员谢章兴负责。

1944 年 1 月，中共新会县委根据上级指示和武装斗争形势发展的需要，实行"地（方）武（装）分家"，即地方党组织与武装分开领导。中共新会县委"地武分家"后，武装系统党组织组建了新鹤人民抗日游击大队。其中，新会田金、井岗、聚龙党支部分别派党员参加军事训练。

值得铭记的是，1945 年 1 月发生了新会抗战时期著名的司前松山战斗，井岗村人曾惠，时任新鹤人民抗日游击大队机枪手，在作战中英勇牺牲，是从井岗村走出的第一位抗日战争时期革命烈士。1945年2月，井岗支部第一任书记梁和洲在新兴县英勇捐躯，时任部队政治指导员。

1945年5月下旬，广东人民抗日解放军第二团和独立营开往靠近会城日伪据点的井岗、汉塘一带，开展抗日游击战争。大泽大园乡井岗村属沦陷区，原有伪乡政权，但由于井岗建立了党组织，群众基础较好，井岗党支部按部队的布置，对伪乡政权的人员实行严加管教。

坚如磐石的战斗堡垒

在村中，熟悉老区革命斗争情况的老人，向我们讲述了当年的故事，并带着我们走访、参观了当年地下交通站和游击队活动的遗址。

据回忆，在抗战时期，日寇肆虐为患、民不聊生。为了纾解民困，井岗党支部经研究，通过发动群众共同出钱、盈余分红的办法筹办"合成商店"，解决群众日常生活必需品紧缺难买的问题，使党组织在群众中的影响更深、更大了。

1940年秋，伪县政府派汉奸特务到第十五区大园乡成立伪乡政权。大园乡何某是个破落地主，不务正业，被捧出来当伪乡长。他认贼为父，压制进步力量，横行乡曲，群众非常愤恨。井岗党支部反复与群众商量，决心为民除害。党支部将情况上报，中共新鹤县工委认为此人不除，农村抗日据点不可能巩固。于是井岗支部组成精干小组，深夜行动，突然袭击，抓获了何某，并通过第十五区公所召开乡民大会，宣布伪乡长何某的罪行后，就地正法。通过除掉伪乡长，严厉打击了汉奸特务的破坏活动，确保农村抗日据点的工作顺利进行。

井岗村抗日根据地名不虚传。1945年1月，新鹤人民抗日游击队第二大队在松山战斗后，转移到鹤山云乡一带，随司令部行动。据在战斗中受伤的谢悦回忆，当时的情况是，联络站负责人谢章兴说敌人已进入大圩，开始进行搜捕。大家一致认为此地不可久留，越快撤出越好，因为他是当地人，陈江对他说，部队必须转移到一个较为安全的地方掩蔽起来，好好休整几天，于是问他到哪里才好。他考虑一下回答说，到他的家乡井岗乡掩蔽吧，那里虽然是沦陷区，距新开公路二三十丈远，距日寇莲塘据点也不过一公里多，但党组织基础好，群众基础好，党支部能够控制指挥伪乡公所，部队到井岗掩蔽休整，是比较安全的。叱石山背后是同和村，是沦陷区，敌、顽武装都很少到那里活动，井岗党支部常到那里活动宣传，群众厚道，到那里去解决吃饭问题很容易。而且井岗村地形相对有利，三面有山、群山环绕，便于隐蔽活动，在新开公路看不见村庄，后山连绵逶迤到鹤山境内，万一有情况，撤退也是容易的。陈江听了意见后，决定把部队开进井岗村掩蔽，并命谢悦立即返村与党支部联系，做好准备。谢悦返村后立即请党支部书记谢柏如召开党员会议，传达部队决定，各个党员立即分头做准备工作，有的负责吃饭问题，有的负责住宿地方。在大队领导陈江同志带领下集合队伍，攀过圭峰山"合掌尾"山坳，沿山路直下，到达同和乡欧道山村。

陈江经过考虑，为了不打扰群众、争取群众支持，决定上山扎营，不在村内休息。由村内群众带路攀上鸡尖顶山上的山窝里掩蔽休息。因为这里与圭峰山顶的日寇碉堡很近，为防万一，加强了警戒，随时准备战斗。登山之后，指战员们心情虽然有些紧张，但内心依然平静。午餐和晚餐均是由同和村的群众煮好挑上山顶，且菜式也很丰盛，有鱼有肉，大家都吃得很香，很惬意。

天黑后，部队就下山来，在新会冈州植牧公司（即现在的五和农场）驻扎。江会地区沦陷后，该公司房屋已大部分被日寇焚毁，日寇还将那一带划为无人地区，工人大部分都逃难走了，生产也停顿下来，只剩几个人在看守。冈州植牧公司的房屋建在锦被铺孩儿（地名）一带小山冈上，与日寇大梅山巅的碉堡遥遥相对，只隔一条山坑，直线相距1 000米左右，大梅山日寇碉堡的火力完全控制这一带地方，且日寇居高临下，人们在冈州植牧公司范围内活动，都被看得一清二楚。可以说，队伍驻在这里，和走进"虎口"一样危险，不过，掩蔽得好，也很安全。

入夜，部队从冈州植牧公司沿山路静悄悄地进入井岗村太平里。部队入村后，人们马上沸腾起来了，群众把刚宰杀的猪肉、刚在鱼塘中捕捞的鲜鱼和上好的煮得清香扑鼻的白米，一一端上来，并向指战员嘘寒问暖，亲热如亲人，使同志们深受感动。部队在太平里休整两天即转到井岗村另一个自然村竹园里继续掩蔽休整。

部队为恢复江会敌占区的党组织的联系，沟通情报，留下独立营政委在太平里据点设立秘密联络站。部队经过休息整顿之后，即在鹤山汉塘、平岭，新会杜阮、大泽、棠下等边界地区展开游击战。

张钊，原广东人民抗日解放军第二团第一连指导员，后任中国人民解放军第二炮兵司令部政治部文化部部长，他于抗战期间在新会从事武装斗争，曾在井岗、汉塘一带分散隐蔽活动。据他回忆，1945年底，新鹤县委决定出版一份油印小报，定名为《新民主报》，由他负责在井岗村秘密编印。井岗党支部书记谢柏如同志（1945年5月奉命从二团调回井岗村续任支部书记）安排到本村的堡垒户钟兆棠同志家里住宿，钟兆棠的家也作为油印小报的活动地点。钟兆棠是1939年秋入党的老党员，又是二团一连的副排长，这时他与谢悦等同志也奉命回到家乡井岗村分散隐蔽。

这一期《新民主报》出版日期是1946年4月1日。其主要内容是：揭露国民党当局策划内战的阴谋；揭露当权者包庇汉奸走狗过关的罪行；揭露国民党新会县政府掠夺农民粮食、强行入屋抢收的暴行；揭露新会县召开临时参政会时各派系勾心斗角、争权夺利的丑剧，等等。

小报油印出来后，很快由井岗党支部派人带到江门、会城秘密投进各区的邮筒，或到附近较大的圩镇邮电所寄出。不久，上级党组织领导来到井岗检查工作，对小报的出版很满意，鼓励说，在内战战云密布、光明与黑暗决斗的今天，它的出现，将引起新鹤地区各界各阶层的注意，在一定程度上起到了振聋发聩、动员舆论的号角作用。

在井岗，谢悦带领着三个战士隐蔽在他的家乡。当时他的家庭经济相当困难，还有一个残疾儿子需要照顾，全靠他的爱人打散工维持生计。在这样的情况下，谢悦还竭尽所能帮助几个战士解决生活问题。

1945年9月，全县保留的农村党支部仅有7个，特别支部1个，全县党员约60人。党组织力量薄弱，而且分散，开展活动困难很大。在大井头、井岗、同和村隐蔽活动的有10余人，归属中共新鹤县委领导。

1945年，在日寇投降后的10月中旬，广东人民抗日解放军与中区特委在恩平朗底联合召开全区县团级以上领导干部会议，中区各部队同时集中于朗底整训。据新形势下中央和广东省临委的指示，决定所属各部队返回原地区分散隐蔽活动，以保存力量，准备新的斗争。二团和独立营在朗底战斗结束后，大约于11月上旬，由陈江带领返回新鹤地区，开赴临近江会的井岗、汉塘、大井头等几个群众基础较好的乡村据点分散隐蔽活动。

1945年10月至1947年初，在这段艰苦的日子里，分散隐蔽在新会的战士没有发生被捕事件，这是因为有群众的掩护。人民子弟兵来自人民，隐藏在棠下、大泽的战士，大多是本乡的青年农民。亲人回故乡，群众全力掩护。更加重要的是，有坚强的农村基层党组织的支持。井岗党支部不愧是新会农村抗日的坚强战斗堡垒。

井岗党支部是革命战争年代的一面鲜艳旗帜，红旗下的革命前辈令人敬佩。其中首任支部书记梁和洲在抗战中英勇献身，为革命烈士；继任书记谢悦、谢柏如、谢恩永和谢章兴毁家纾难、投身革命，他们为争取民族解放、祖国富强和人民幸福而奋斗的事迹与山川同在，与日月同辉。

参考资料

1. 中共江门市委党史研究室：《中国共产党江门地方历史（第一卷）》，广东人民出版社，2008年。

2. 中共新会市委党史办公室：《中共新会党史（新民主主义革命时期）》，中共党史出版社，1996年。

3. 中共江门市委党史研究室:《广东人民抗日解放军史》,广东人民出版社,
   1996年。

4. 中共新会县委党史办公室:《中国共产党广东省新会县组织史资料》,
   1991年。

5. 谢柏如:《坚持在前线敌后斗争的井岗党支部》。

6. 谢悦:《回忆抗战时期的井岗村》。

马坑烈士墓

◎赵群合

抗日烈士墓园（赵明立供图）

一腔热血洒战场，十三头颅为国殇。

留得先烈英名在，马坑草木自馨香。

　　2017年9月18日，抗战纪念日，笔者怀着崇敬的心情进入马坑参谒抗日烈士纪念墓。

顺着仁和里中心大路进入马坑口，过赵川弘百岁牌坊、培贡亭，再沿水泥小路走二百米，到原彼岸坟场门楼后再走二百米，便到马坑烈士墓了。

南国的深秋，让人觉得凉意袭人，但这里没有深秋的红叶，也没有早冬的初雪。马坑四周虽不全是青松翠柏，但所有草木都四季常青，它们组成一个绿色的大花圈，把烈士墓拥抱在怀中。

抬眼西望，不远的骑咀和瓜棚山，是当年烈士们与日军厮杀的战场，硝烟早已散尽，骑咀一带现在已是一片密密的民居，而瓜棚山亦已辟为仁和公园了。只有烈士墓依然带着浩然正气，披着历史的风霜屹立于马坑的绿树丛中。

1949年，里人赵裕玉君有感于里中十三烈士舍生取义的精神，慷慨解囊，在马坑彼岸坟场背后建造了这座抗战烈士墓。

仁和里，旧称陈婆坑，是三江最大的古里，立里于明嘉靖末，至今有五百年历史了，人口有三千多人。马坑是仁和里四坑中最小的一个，和陈婆坑只一山之隔，是和尚岭山和蛇肚脐山下的峡谷，坑湾深数百米，阔仅数十米。

烈士墓建在坑后山脚，依坑向坐东向西，后峙和尚岭，前朝银洲湖，是座水泥灰沙的普通交椅形墓。碑高三米，笋形，立在墓甬中央，碑面镶嵌一块高2.2米、宽0.45米的平滑花岗岩石板，上刻碑文：

七七事变，烽火弥漫，祸延三江，回溯戊寅之岁，孟夏既望，悍敌蜂侵，壮士奋起而御之，搏斗竟夜，尽挫强寇，倭妈既败，愤聚豺师，引兵再犯，团勇悉起以抗，尘战三日，前仆后继，卒以众寡悬殊，弹尽援绝，里之壮士十有三人，竟成忠烈而牺牲矣，然其死者已矣，生者流离，背亲弃子、究为谁来，苟以一念之诚，沛乎天地，舍生取义，流芳百世者，其又何尤，今敌已降，赵君裕玉，慷慨私囊，立墓嘉其旌，并志事于石，以彰烈士之忠义，而遗万世旌。

己丑年季夏立

按碑文推断，墓建于己丑年，即为1949年。志中记的"戊寅之岁"有误，戊寅岁是民国二十七年（1938），日军侵三江是民国二十八年（1939），是岁为己卯，应更正。又志中称"里之壮士十有三人"，现墓碑增至二十五人，当初十三人已无法确认了。

马坑很早就是仁和里先人的土葬地，由于土葬是不断轮替的，土葬后残留很多腐烂物，污染了环境，人们进入马坑都有恐惧感。抗战胜利后，佛仔岭与马坑两块土葬地都曾做过建设，建设后的佛仔岭坟场改称"公共坟场"，马坑坟场称"彼岸坟场"。为什么叫彼岸？照佛家说，人生是在苦海中沉沦，只有在这里得到了解脱，登彼岸而到极乐世界。坟场改建前，这里曾建有白骨坟，1949年又建了抗日烈士墓。坟场改建后，环境虽有改善，但土葬依旧。而烈士墓建在这样的恶劣环境中，数十年来少人问津，这是造墓人始料未及的。

再说裕玉君建马坑烈士墓的初衷，是为纪念里中十三位烈士，它和三江抗日牺牲的二百烈士相比，也只是三江抗日战场烈士人数中的一小部分，加上建在恶劣的环境中，这就使这座墓建后数十年不为人知。

马坑烈士墓的春天，起自20世纪80年代。那时三江的学校兴起一股爱国教育热潮，于是学校就组织了清明节去烈士墓扫墓的活动。联和学校去马坑烈士墓，新江学校去白庙伍小武义士墓。此后，联和学校坚持了多年来马坑扫墓，在墓前还邀请了老战士讲抗日战斗故事，讲抗日英雄故事，以增强孩子们的爱国热忱。之后，每年都陆续有各阶层的社会人士前来扫墓，甚至远在古井霞路的赵氏宗亲也加入扫墓行列。

2006年，新会区委、区政府还把马坑烈士墓园定为爱国主义教育活动基地。马坑烈士墓的名声开始远播了。

随之，筹集善款修缮墓园、整治马坑环境、修筑道路等工作也随之展开。1996年港胞赵松柏在捐资修葺培贡亭、建培贡公园时，还特捐资修一条水泥路，从马坑口直达墓园。而自从禁土葬以后，马坑的环境得到了净化。可以想见，随着园区的开发，马坑将来不单单是一块对烈士的瞻仰地，还将是一座美丽的花园。

马坑烈士墓从默默无闻到名声远播，这和仁和里老人赵关鎏一家的呵护分不开。赵关鎏是抗战老战士，他对烈士墓有特殊的情感。有文章说他护墓六十年，在他的影响下，他两个儿子也把护墓视为己任。多年来，他们出钱出力，积极筹款修葺墓园，每年组织扫墓活动，把烈士墓园办得有声有色。

七十多年前那场抛头颅洒热血的抗日战斗，三江子弟以牺牲两百多人的代价和日军搏杀，打出了中国人的威风，也打出了三江人的正气，这是世人都知道的。离马坑不远的骑咀，是三江的门户，当年日军三犯三江，骑咀是激烈战斗的战场，而骑咀的守卫者大多是仁和里子弟，马坑墓中的烈士也大都是在这里牺牲的。

抗日战争胜利后，乡中曾举办了隆重的追悼大会，追悼抗战中阵亡的两百多名将士和数百名无辜死难的乡亲。会后仍有些余款，当事者原计划在蟹山顶建一座高大的抗战纪念碑，以供后人纪念和瞻仰，可惜当时金融动荡，货币贬值，最后只栽了些树木和用砖砌了个小广场，余款用完，纪念碑没有建成，这是三江人最大的遗憾。

随着岁月的流逝，抗日战争的烽火亦已远去。而今乡中的抗日战斗陈迹大多已经消逝，能留下来的，只有乡后群山中的旧战壕，以及乡间已不多见的火烧屋。除此之外，就剩下马坑后的这抔黄土留给后人凭吊。

葵乡人物

KUIXIANG RENWU

梁思成：不为名利，执着于建筑研究 ①

◎口述：梁再冰
◎整理：冯瑶君

梁思成是被誉为戊戌维新运动领导人之一、近代著名大学问家的梁启超的长子。

梁思成（1901年4月20日—1972年1月9日），生于日本，我国著名建筑学家和建筑教育家。他毕生从事建筑教育事业和中国古代建筑的研究，在实物考察的基础上，系统地整理研究了中国古代建筑史，是这一学科的开拓者和奠基者。

梁思成曾参加过人民英雄纪念碑等设计，是新中国首都城市规划工作的推动者，是新中国成立以来几项重大设计方案的主持者，是新中国国旗、国徽评选委员会的顾问，参加了国徽和人民英雄纪念碑的具体设计工作。新中国成立前的1948年4月1日，中央研究院第一届院士评选揭晓，81人当选，其中人文组的28人中，梁思成和弟弟梁思永同列榜上。1955年6月，梁思成当选为首批中国科学院技术科学部学部委员。

在众多人眼里，梁思成是"国宝级"人物。他是中国第一代建筑师，将建筑学引入中国，培养了早期中国建筑师的建筑教育家。他也是中国建筑史学家。他的足迹遍布中国，考察和测绘了大量中国古建筑，并完成第一部

---

① 口述人：梁再冰，梁思成女儿。整理人：冯瑶君，《江门日报》新会记者站副站长。

《中国建筑史》，还用英文写作了《图像中国建筑史》。当然，这只是梁思成一生成就的一些方面。

"如何谈论已故去40多年的父亲？"听到笔者的采访来意，时年83岁的梁思成之女梁再冰在电话里停顿了一下，长吁一口气："这个题目太大了，一两句说不清楚，见面再谈吧。"

（一）

父亲在日本出生，在日本度过童年，回到中国时刚满12岁。1915年父亲进入清华学校，在那里读了8年书。之后便和母亲林徽因双双到美国留学，两人一个以主修一个以辅修的方式，同时选择了宾夕法尼亚大学建筑专业，成为中国第一代建筑师。

父亲是中国第一代建筑师，在他的年代，中国几乎没有这个职业，也没有这样的专业，父亲当初走上这条路，主要同他的爱好和特长有关，也和母亲的建议分析有关。

父亲和母亲是通过父辈相识的。爷爷梁启超和外公林长民是很要好的朋友，大人们经常在一起，孩子们自然容易接近。父亲和母亲相识那年，父亲17岁，母亲14岁。母亲16岁时和外公去英国学习一年多，住在伦敦时，女房东是一位建筑师，常常在家里画图，母亲很感兴趣，从中了解到英国有建筑这一学科。父亲从清华学校毕业后，准备去美国留学，在考虑学习专业时，母亲说她想学建筑，父亲听了很感兴趣，觉得学建筑也很适合他，于是就选择了学习建筑。

父亲本该是1923年5月去美国，但遭遇车祸，休养了一年。第二年，母亲考取清华的半官费留美，他们同时选择了美国宾夕法尼亚大学美术学院。父亲读建筑系，母亲读美术系也选修建筑系的课程，这样就成为同学。

那时，他们的关系很亲密了，但没有订婚。因为爷爷反对早婚，认为要完成学业才能成家立室，但答应让他们交朋友。外面曾经流传父亲和母亲订下娃娃亲，其实无此事。

母亲既现代又传统，思想比较活跃，在建筑和美术方面有很多创意，跟父亲有很多共同语言，是罕见的"知音"。但父母亲的性格截然不同，父亲不爱多说话，母亲则喜欢同别人沟通思想，心直口快。他们的观点有时互补，有时冲突，两人也时有争论，但大都是关于建筑和美术方面的。母亲不是"三从四德"的旧式妇女，她追求个性独立，但在家庭中，她总是无微不至地关心着每一个人，对于兄弟姐妹来说，她既是"大姐"又是长嫂。

母亲曾是宾夕法尼亚大学美术系的学生，同时选修了建筑系的课程。她的成绩很好，特别是在建筑和美术设计方面，富有创意，常有别出心裁的灵感和神来之笔，具有个人特色，所以入学两年后便被宾夕法尼亚大学建筑系聘请为非全日制助教。

尽管母亲在文学创作和美术设计等方面也都很有才华，但她主要做的还是同建筑有关的事情，同父亲一样，她把自己的一生贡献给了中国的建筑教育和建筑史研究事业。除了照顾我和弟弟，她还是父亲最得力的助手。很多文章（包括著述）是父亲单独署名，实际上是二人合作的成果。新中国成立后，在清华大学建筑系师生共同设计国徽、人民英雄纪念碑时，母亲也贡献了她的心血。

记得抗战后期，父亲和莫宗江先生为重新整理战前的古建考察资料，必须大量绘图，而母亲则协助作文字解说的撰写和编辑工作。由于工作量大，常常需要在晚上赶图、赶稿子。那时四川李庄镇没有电灯，平常我们晚上点菜油灯，只能得到如豆的灯光，全家只有一盏煤油灯，就在这盏煤油灯下，他们完成了英文版《图像中国建筑史》的图文资料。不过，这本书在他们逝世多年后经过许多波折才终于出版（此书现在已被译成中文）。当年他们在写作此书时，父亲和母亲的身体都很差，父亲脊椎软组织硬化，常年要靠穿着用棉布缠裹的"铁马甲"支撑身体，而母亲患有肺结核，常年卧床，经常发烧。现在读这本书时，觉得这是他们用血肉之躯换来的。

父亲年轻时是很好动的人，给他一条绳子，他就能顺着绳子爬得很高。据说父母最初相识时，两人在公园里散步，母亲在前面走，回头一看，父亲不见了。再抬头看，父亲爬到树上去了。

父亲的爬高本事，在他考察古建筑中发挥了作用。他有时徒手爬高，对高大建筑进行测绘。1933 年，父亲曾在山西考察应县木塔，这是一座 11 世纪的木塔，全木结构，一个钉子都没有，全靠榫接，经历 900 多年的天灾人祸后至今仍屹立着。塔有 60 米高，要测量木塔时，父亲拽着塔刹的铁链子爬近塔顶，突然天上打雷，狂风大作，父亲吓了一跳，差点掉下来。

（二）

1928 年，父亲和母亲结束学业并回国结婚，开始投身于中国的建筑教育事业，在沈阳东北大学创办了建筑系，并任教。1931 年，父亲加入中国营造学社，开始了长达 15 年的中国古建实物考察和建筑史研究工作。1946 年，他为抗战后的清华大学（父亲母校）创办了建筑系。

在那个建筑教育和古建研究几乎为零的年代里，父亲做了大量开拓性工作，很多路都是前人没有走过的，历尽艰辛。但我认为，父亲的成就不仅仅属于他一个人，而是他和他的团队共同奋斗的结果。父亲为人做事心胸坦荡，不在乎名利，把一生都投入他热爱的中国建筑教育事业和古建研究中。

1928 年，父亲和他的团队在东北大学时，与他们共同任教于建筑系的几位教授也是留美归来的年轻建筑师和结构工程师。父亲曾说，建筑系是东北大学"最健全、最用功、最和谐"的系。

1931 年，父母离开东北大学回到北京，加入朱启钤创建的中国营造学社。那年，我才两岁。小时候，父亲常常和我说，那是个专门研究古代建筑的学术机构。朱启钤对北京建筑非常熟悉，认识很多维修古建筑的工匠。当时，工匠的技艺是家传的，只通过口耳相传，并无文字记载。朱启钤搜集了许多工匠传授的建筑经验，并将这些工匠介绍给父亲认识。

父亲进入营造学社后，开始对中国古建筑进行实物考察。考察队伍很精干，由父亲和中国营造学社的另一位专家刘敦桢分别带队，母亲有时也参与考察。

从父亲加入那日起，营造学社开始有计划有系统地对中国古建筑进行调查，拍摄、测绘了大量古建实物。当时的条件相当艰苦，大量古建筑在偏远农村，交通极其不便，他们出行不挑车辆，不论是驴车、骡车，还是马车。没有车子，就靠双脚。考察时，他们对所有建筑物都做详细的测绘。其中艰辛一言难尽。母亲说，那时农村和城市的生活相差200年。但就是那样，父亲与同事们发现了唐代木构建筑佛光寺，整理出中国古建筑大量的第一手详尽资料。

后来，抗战开始了，父亲把考察队伍收集的资料、近2 000张手绘的图册都存到天津一家银行的地下室。抗战期间，天津发过大水，资料几乎毁掉了。为此，父母抱头大哭了一场。不得已，他们只好重新整理资料，重新绘画考察过的古建筑，写出《中国建筑史》和英文版《图像中国建筑史》。

抗战时期，父亲还参加了一项机密工作，那就是到重庆参加"战区文物保存委员会"。那时，中国陆军和美国空军合作准备反攻。为了保护中国古建筑不在战争中受损，父亲要在地图上标示出中国古建筑的位置，提供给中美军方参考。

这个工作艰巨而烦琐，要在地图上将古建筑一个个标识出来的同时，配上简明扼要的中英文说明。那时候，父亲身体非常差。因为1923年遭遇车祸落下了病根，父亲的脊椎软骨组织出现病变，有时整个背弯得连脑袋都抬不起来，只能靠花瓶支撑着下巴画画写字。母亲说，大量古建筑后来免于战乱中受损以及新中国成立初期第一批、第二批国家重点文物保护单位得以保留下来，都依靠父亲手绘的这份资料。

父亲对造型艺术美有很高追求。他的绘画水平天分比母亲高，很多作业都是徒手画，没有用尺子，但建筑的细部、花纹、线条画得非常准确精美，堪比现在用电脑创作的作品。他有一双巧手，战争时期，他经常自己动手补袜子，针脚缜密，棉线来回编织，织成的袜子像一件精美的艺术品。

父亲是一个天生有幽默感、乐观开朗、单纯实在的人。他平常话不多，但爱说笑话。在人多的场合，他常一声不吭，却会突然冒出几句话，引得哄堂大笑。记得在抗战时，父亲到西南地区进行古建考察，在敌机轰炸和交通极其恶劣的情况下到达云南、四川几十个县考察。就在那个时期，他寄给我和弟弟从诫一封图文并茂的信，记录了四川滑竿工人极具风趣的顺口溜。

四川宜宾市李庄镇气候潮湿，冬季阴雨绵绵，夏季酷热无比。当时，母亲肺结核复发，连续高烧40摄氏度，李庄缺乏良好的医疗条件，也没有肺病特效药，母亲只能靠体力慢慢熬，父亲一方面为营造学社筹集经费，另一方面又要照顾母亲、我和弟弟。

为了让母亲吃得好点，父亲学会了蒸馒头、做泡菜、做果酱。当物价飞涨家里揭不开锅时，父亲不得不把家中衣物拿去变卖。在生活条件如此艰苦的情况下，父亲还经常和我们开玩笑说，"把这只表'红烧'了吧"，"这件衣服可以'清炖'吗？"惹得我们哈哈大笑。

我觉得父亲这一生非常幸福，拥有一位美丽而富有才华的妻子。外界传说母亲和徐志摩曾相恋，其实这只是人们的想象。母亲从事过一些文学创作，也爱写诗，但父亲确切地告诉我，《人间四月天》这首诗是母亲为1932年刚出生的弟弟梁从诫所作。有些人以此诗中富于感情的章句编造出母亲和徐志摩的爱情故事，但事实上他们仅仅是挚友。

（三）

抗战胜利后，作为中国建筑界代表，父亲曾参与纽约联合国大厦的设计工作。新中国成立后，他参与了国徽设计、天安门广场人民英雄纪念碑设计等重要工作。父亲之所以如此执着于中国古代建筑的研究和保护，是因为他认为建筑反映文化，中国古代建筑是中华民族文化遗产的一部分。

父亲从宾夕法尼亚大学毕业后，曾在哈佛大学读了一段时间书，他在美国的大学和博物馆中痛心地看到了中国流失的珍贵文物；同时注意到外国人（特别是日本人）对中国古建筑的浓厚兴趣和所做的研究。他想，中国的古建筑为什么没有中国人来研究呢？中国建筑应当由中国人来研究。

从个性上来说，父亲是一个很单纯的人，他不图名利，有赤子之心，所以经常有建筑系的师生来我家做客，一起研讨问题，也有不少其他专业的师生来访。

父亲在研究古建筑时，看到的不仅仅是房子，还有盖房子的人，也就是他的古代同行们——那些无名的建筑师和工人。父亲说他从这些建筑物中看到了他们的智慧和创造，他尊重他们、佩服他们。这一点，在父亲的学术文章里，时有表露。

父亲把中国建筑看成一个东方独立体系，与华夏文化同长。他说过，建筑也是中国文化的一种载体，建筑不仅仅是砖瓦木料。父亲研究的方法是由近及远，先从清代建筑的研究入手（清代建筑在北京仍大量存在），进而上溯到明、元、宋、唐、汉等。他在考察中常利用地方志等文献资料，但特别强调实物的拍摄和测绘，他说，"百闻不如一见"，这是他非常重要的思想。

在一次测绘中，父亲为了登上塔顶拍照，手把铁索，两脚悬空地攀上。那时，天气近寒，铁索更是凛冽刺骨，助手们望而迟疑。父亲却身先士卒。"摄影之中蝙蝠见光振翼惊风，秽气难耐，工作至苦，同人等晨昏攀跻，或佝偻入顶内，与蝙蝠壁虱为伍，或登殿中构梁，俯仰细量，探索唯恐步骤……"

吴良镛先生是中国科学院院士、中国工程院院士，著名建筑学和城市规划专家，1946年起协助父亲创建清华大学建筑系，从事建筑教育及城市规划、建筑设计的理论研究和实践工作。他跟我说过父亲的一些事情。他说，在1945年晚春，他初次见到父亲。那时，父亲40多岁，给人的第一印象是和蔼可亲，但弱不禁风。因患有脊椎组织硬化症，父亲身穿"铁马甲"——这是在四川时，父亲用钢条敲打的一个类似人的肋骨的框子，外面缠以纱布，套在胸间。重庆天气炎热，一般人难以承受，父亲却还要穿着"铁马甲"伏案作图，其难受程度可想而知。后来，父亲赴美以后，才换上轻型的、紧身的马甲。

吴良镛先生说，父亲他们（营造学社考察队）的道路步履维艰，但其总是乐观、坚定，例如赴宝坻调查广济寺，"在泥泞里开汽车……速度同蜗牛一样，但当到达目的地看到了《营造法式》所称的'彻上露明造'"，当初的失望立刻消失。"在发现蓟县独乐寺等几个月后，又得见一个辽构（即宝坻广济寺三大士殿），实在是一个奢侈的幸福"。这种"先抑后扬的高兴""奢侈的幸福"，支撑着他们克服一个又一个困难，拼命向前。

1946 年，父亲创办清华大学建筑系，担任系主任。这个系最初的师资来自吴良镛先生等一批抗战时期成绩优异的大学建筑系毕业生。1946—1947年，父亲曾在美国讲学一年，在此期间，清华建筑系的创建并未停顿。

1950 年春，父亲受命主持设计国徽图案。父亲和母亲两人都参加了构思设计、勾画方案，和大家一起讨论研究。1950 年底，我回到清华园的家中后大吃一惊，客厅到处是红、金两色的国徽图案，沙发上、桌子上、椅子上到处都是，俨然一个巨大国徽的作坊。完成国徽设计之后，父亲和母亲以及清华建筑系师生又参与了人民英雄纪念碑的设计。母亲负责底座上花纹图案的设计，但未能亲自看到纪念碑在天安门广场建立起来，她就去世了。后来，人们将她设计的碑座花纹图样安放在她的墓上。

梁思永：病榻上的考古斗士 ①

◎口述：梁柏有
◎整理：冯瑶君

梁思永是被誉为戊戌维新运动领导人之一、近代著名大学问家的梁启超的次子。

梁思永（1904年11月13日—1954年4月2日），我国著名考古学家、中华民国中央研究院首届院士。梁思永一生致力于考古事业，是我国近代考古学和近代考古教育开拓者之一，是我国第一个受过西洋近代考古学正式训练的学者，有《梁思永考古论文集》传世。

北京的四月，乍寒还暖，柳絮纷飞。一走进梁思永院士女儿梁柏有的家，梁柏有女士便诚恳地说："我虽然是父亲的独生女儿，但我们在一起的时间不长。小时候，父亲经常在外工作，后来抱病回家，也是半卧在床上研究考古。再后来，我外出求学，父女相处的时间就更少了。"

梁思永院士将所有心血都倾注在他心爱的考古事业上，离世时年仅49岁。他的一生是短暂的，但他却活出了常人难以企及的厚度和广度。在梁思永故去数十年后，梁柏有与我们一起回忆她的父亲梁思永。

（一）

父亲是我国第一个受过西洋近代考古学正式训练的学者，也是我国近代

---

① 口述人：梁柏有，梁思永女儿。

田野考古学的奠基人之一。据说，他之所以选择考古，是受到了祖父的影响。当年，很多外国人蹿到中国四处挖掘文物，得手后即偷运出国牟取暴利，祖父觉得不能放任自家宝贝被人掠夺，中国学者应该努力建立自己国家的考古学科。当时，考古是一门不被人看好的冷门专业，父亲受此影响，毫不犹豫地赴美选择了考古专业。

祖父为人非常开明，从不勉强别人要怎样做，但他在 1922 年之后的一次演讲中曾说，中国地方这样大，历史这样久，蕴藏的古物这样丰富，努力往下做，一定能于全世界的考古学上占极高的位置。祖父对父亲的这种影响力很大。1916 年，父亲考入清华学校留美班，1924 年从清华学校毕业后，就离国赴美，到哈佛大学读书。

留学期间，父亲想回国实习并收集一些中国野外的资料。写信征求祖父的意见，祖父非常支持他。1928 年，父亲回国收集资料，祖父设法帮他联系，促成他在清华大学研究院担任助教。

在求学阶段，父亲就已经回国进行考古研究。回国工作一年后，父亲整理了清华所藏的著名考古学家李济于 1926 年发掘的山西夏县西阴村史前遗址出土的部分陶片，并写成英文专刊。1928 年底，父亲回到哈佛大学继续学习。1930 年，父亲毕业后，回国参加了中央研究院历史语言研究所考古组工作，秋季赴黑龙江发掘昂昂溪遗址，然后进入热河调查新石器时代遗址。

在我眼中，父亲是名副其实的"拼命三郎"，玩命一样地工作。就算是在患病后，他依然那么拼命。我觉得他年纪轻轻就去世，其实是积劳成疾。以前，我对父亲的工作了解不多，最近整理父亲的资料，才更多地知道他在考古工作上的一些事情。

（二）

对比父亲在我国考古事业上的贡献，他对工作的热情，更让我感动。

1931 年，父亲刚结婚 3 个多月就告别我妈妈，参加了河南安阳小屯和后冈的发掘工作，秋季又到山东参加山东历城龙山镇的城子崖的第二次发掘工作。接着他又回到后冈，继续春季未了的工作。在那次野外发掘中，他在后冈发现了三叠层，第一次从地层学证据上明确了仰韶文化和龙山文化两种新石器时代遗存的先后顺序，以及它们和商代文化之间的关系。这在中国考古学史上是一次划时代的重大发现。

后来，城子崖遗址的发掘报告由父亲主编并参加了部分章节的撰写，于1934年出版，这也是我国首次出版的大型田野考古报告集。

母亲告诉我，父亲身体不好，从28岁起开始患病，之后一直遭受病魔的折磨，但依然没有放弃他热爱的考古。他对考古事业充满了激情，在野外工作时和同事一起同甘共苦，经常卷起裤腿泡在水中长达几小时，随便啃点白馒头喝几口凉水就当正餐。1932年春天，父亲在野外发掘时患上感冒。当时没有及时治疗，直到发起高烧，住进了协和医院，才知道已转成烈性肋膜炎。医生从他的胸部抽出四瓶水，颜色像啤酒一样。

1933年4月，我在上海出生。在这期间，父亲的身体始终没有痊愈。1934年，父亲又忍不住心瘾，主动要求到野外工作，到安阳主持侯家庄西北冈商代王陵区的发掘工作。

那次发掘规模的宏大、田野工作的精细以及考古收获的丰富，在国内是空前的，父亲也因工作太辛苦、消耗体力太大，以致身体每况愈下。那次工作一直持续到1935年，但一结束，他就立即着手编写西北冈发掘报告。

父亲身体最差的时候，也是他在工作上最努力的时候。一天，他在一本外文杂志上看到一个医学成果：去掉肋骨可使有病的肺萎缩下来，使健康的肺部发挥更大作用。父亲为了能尽快恢复健康继续他热爱的考古事业，真的动手术切除了7根肋骨。

1938年，因为战争，我们搬家到了四川省南溪县李庄镇。当时我才5岁，妈妈没有工作，父亲身体越来越差。当时，李庄的物价非常高，营养跟不上，兼之父亲身体本就虚弱，一直在发低烧。但即使是在这种颠沛流离的生活中，即使是身体虚弱家庭负担又很沉重的条件下，父亲依然在整理标本，构思论文。

那时，我虽然年纪小，但清楚地记得病重的父亲依然忙着工作。他经常躺在病床上，垫着一块黄板写东西或看书。

因为患病，父亲的性格比较暴躁，母亲非常理解他，一直非常细心地护理着，不但给父亲用专用餐具，还给餐具消毒。我们一家三口住在一起，我们都没有被传染，全靠母亲的认真细致护理。每天，母亲还会为父亲读几段英文小说和报纸，生活安排得很有规律。为了给父亲治病，母亲还学会给父亲肌肉注射。

1939 年，父亲在为"第六次太平洋学术会议"所提供的论文中，全面总结了龙山文化。据说如今大半个世纪过去了，对龙山文化类型的进一步划分，仍然源于父亲当年的创见。这项发现提高了我国考古发掘的科学水平，使之从此纳入近代考古学的范畴。对此，我为父亲深感自豪。

（三）

父亲曾担任过中国科学院考古研究所副所长，但他的大部分工作都是在病床上完成的。

1950 年 8 月，父亲被任命为中国科学院考古研究所副所长。因为当时考古所所长郑振铎兼文物局局长，所以考古所的工作担子主要落在父亲肩上。

父亲在病床上主持考古所的工作，包括制订长远规划、指导野外工作和室内研究。他把每天的工作写在小条上，逐条解决处理。

考古学家、中科院院士夏鼐（已故）是父亲的好朋友，他告诉我，父亲在野外工作中能注意新现象，发现新问题。他主持大规模的发掘工作时，能照顾到全局，同时又不遗漏细节，著述严谨。父亲在学术研究上的贡献，野外考古工作方面，自加入殷墟发掘团后，对于组织和方法都有重要的改进，提高了我国田野考古的科学水平。

　　著名考古学家安志敏（已故）是父亲当年所带的学生，他告诉我，从他们到考古所那天起，父亲便给他们布置了必读书目和学习计划，每周还要填表，逐日汇报学习和工作情况，并经常同他们谈话以便更深入了解各人情况，从治学方法到思想修养无所不包，以督促和爱护的心情，帮助他们克服思想上和学习上的缺陷。

　　父亲是一个追求科学严谨，但不因循守旧的人。比如，以前的文物都习惯用马纸包，一张马纸只能包一次，第二次就无法用了，因此损耗挺大。后来，父亲改用面口袋（布质）包装，可以包装十多次甚至数十次，节约了不少经费。一次在山东考古，因为大雨，坑里进水，按往常习惯，只能等一周后雨水自然干掉才能继续工作。当大家望水兴叹时，父亲却跑到附近农家，向老乡借来木桶，跳进坑里一桶桶地把水舀干。

　　父亲对我的教育十分严格。他病重期间，我还是一个不懂事的小孩子，正是贪玩的年龄。有次父亲让我背《史记》，我背不出来，他便严厉地看着我，说："拿尺子来。"当我把尺子拿给他，他就用尺子打我的手心，痛得我直掉泪。我小时候很怕父亲，因为"他太严厉了"。

　　1954年春天，父亲临终。那时，我还在上大学。我与母亲守在医院里，后来母亲觉得情况有点不妙，吩咐我坐三轮车回去通知祖母。但是，没等我赶回医院，父亲就与世长辞了。我没能见到父亲的最后一面，非常遗憾。

梁思礼：人必真有爱国心，然后方可以用大事

◎口述：梁思礼
◎整理：冯瑶君

梁思礼是被誉为戊戌维新运动领导人之一、近代著名大学问家的梁启超的幼子。

梁思礼（1924年8月24日—2016年4月14日），是我国著名火箭控制系统专家，导弹控制系统研制领域的创始人之一，中国科学院院士，国际宇航科学院院士。曾任航天工业部总工程师，科技委员会副主任，国际宇航联合会副主席，航天科技集团公司科技委顾问，航天科工集团公司科技委顾问。

梁思礼曾领导、参加多种导弹、运载火箭的研制工作，在长征二号运载火箭的研制中首次采用新技术，为向太平洋成功发射远程导弹试验作出重要贡献。他对航天可靠性工程提出精辟论述，成为航天可靠性工程学的开创者和学科带头人之一，是航天CAD的倡导者和奠基人。曾获得国家科技进步特等奖、中国科技进步二等奖、何梁何利基金科学与技术进步奖、中国老教授科教兴国奖等。

当年笔者远赴北京采访梁思礼时，梁老先生88岁。梁老先生个头不高，脸庞圆圆，精神矍铄，笑起来爽朗而亲切，没有一点架子。

（一）

我是1924年8月在北京协和医院出生的，幼年和青少年时期在天津度

67

过。我一直备受世人关注，这不仅仅是因为我自己，更多是因为父亲梁启超的光环。我是梁启超子女中目前唯一健在的一位。大家说，兄弟姐妹中，我最酷似父亲。在父亲51岁那年，我出生。和父亲共同生活仅短暂的4年半后，父亲因一场失败的手术骤然离世。父亲留给我的短暂的时光，不仅仅是孩童时的印象，还有血脉相连的爱国、爱乡品质和秉性。

在父亲眼里，我是他的"老白鼻"（老baby）、最疼爱的小儿子。我4岁半时，父亲就去世了，那时我刚记事。父亲疼爱我确实比哥哥姐姐们多一些。我的五官比较像父亲，不仅大家这么说，连周恩来总理也曾说过。

1970年，我向周总理汇报火箭发射情况时，周总理看到我名字后，先是问我，梁思成是你什么人？知道我们是兄弟后，周总理说了一句：哦，你父亲是梁启超。你长得很像你的父亲。周总理说他曾经听过我父亲的演讲，还详细做了记录。随后，周总理还历史地、客观地谈起对我父亲的一些看法。在"文革"年代，科学和人才被随意践踏，周总理对人的关怀、对历史的尊重，使当时顶着的"保皇党的孝子贤孙"帽子的我心中充满了暖流，我至今对当时的情景历历在目，铭刻于心。

我在北京出生、天津长大。父亲留给我的记忆，多数是我孩童时的印象，和其他人的父亲一样。小时候，我最高兴的事就是父亲带我吃西餐、吃冰激凌。父亲的书房，哥哥姐姐都不敢进，唯独我可以进。

父亲看到我总是显得很高兴，因为我很会讨他开心。他要抽烟，叫我拿烟，我就把火柴和烟嘴等一整套都过来。我印象最深的是，在天津的"饮冰室"，父亲书房里都是古装书，高高的书柜上的书我够不着，就打开下层柜子，像看小人书一样翻看父亲从国外带回来的明信片、卡片。因此，我很小就知道"文艺复兴""达芬奇""米开朗琪罗"。

对我来说，父亲是一位近代大百科全书式的启蒙家。父亲遗传给我的不仅仅是一副坯子——相貌，还有他的爱国思想，对新鲜事物的敏感性，这些都是我后来的成长中至关重要的因素。有人曾经问我，您从您父亲那里继承最宝贵的东西是什么？我回答"爱国"。父亲生前曾说过"人必真有爱国心，然后方可以用大事"，这句话奠定了我一生的理想基础。

小时候的我，非常聪明，又非常听话，每天总逗父亲笑几场。我读了十几首唐诗，天天教老郭（保姆）念，后来我告诉父亲说："老郭真笨，我教他念：'少小离家'，他不会念，念成'乡音无改把猫摔'。"我一面说一面抱着小猫就把那猫摔下地，惹得哄堂大笑。我念："两人对酌山花开，一杯一杯复一杯，我醉欲眠卿且去，明朝有意抱琴来。"总要父亲一个人和我对酌，念到第三句便躺下，念到第四句便去抱一部书当琴弹，诸如此类。

1929 年 1 月 19 日，父亲去世，惊动了社会各界。唁电、唁信、挽联、挽诗，一时间如雪片飞来。我的兄弟姐妹都在灵帷侧面穿着白孝衣叩首拜谢，全场为暗鸣之声笼罩。唯独我没有哭。我看见父亲躺在佛堂的棺材里，大家骗我说他睡着了，因此，我一直没有哭。

最后，在西山将他的棺木送到墓中，看到墓门关上的时候，我突然大哭，哭得特别厉害。我想，父亲可能不会再醒来了。想到父亲再也不会叫我给他拿香烟，再也不能教我读唐诗、写信，再也不会带我去吃西餐了……我哭着、喊着要跟着追进去，当时的情景，到现在我还记得清清楚楚。因为他太爱我了，我也太爱他了。

（二）

1938 年左右，日本人占领天津，那时国内很混乱。1941 年，我高中即将毕业，我母亲的一个好朋友丁大夫帮我联系了一家美国比较小的大学——嘉尔顿学院，申请了全额奖学金。我需要自己负担路费和其他日常生活费用。实际上，当时我们的生活基本上靠父亲的稿费，尽管父亲名气很大，但他去世多年后，我们的家境大不如前，顶多属于中等水平。母亲省吃俭用准备了 400 美元送我出国。

那时，我和五姐、姐夫（美籍华侨）一块坐船去美国。除去船票 200 多美元，17岁的我拿着剩下的100多美元，开始了边工边读的求学生活。当时我的想法和许多热血青年一样：我们中国人老是被人欺负，我要走工业救国道路，学成回国为国家建设出力。于是，两年后，我就以优异成绩转入了以工程师摇篮著称的普渡大学，学电机工程。

后来，我知道父亲梁启超在1927年曾给海外的兄长姐姐们写信说，孩子们中没有一个学习自然科学的，是家里的憾事。这是巧合，也是冥冥中注定。但我是在父亲的爱国思想影响下，为了工业救国，选择了在大学读工科。

在1956年10月中国航天事业创建之际，我调入国防部第五研究院，从此开始了我50年的奉献生涯。1980年，中国向太平洋发射远程运载火箭，首次成功向世界舞台公开展示我国的航天科技，我作为副总设计师，获得了1985年国家科技进步奖特等奖。当然，这不表明我有多厉害，而是因为我们国家"厉害了"！

在航天科研中，我首次提出了抓"可靠性"，这使我国的航天产品质量得到了大大的提高。而我对洲际导弹的研究和抓"可靠性"两方面的成就，是我当选中国科学院院士的两项重要成绩。

父亲的名气很大，但他的9个子女包括我在内，都没有吃"祖宗饭"，都是靠着自己的努力不断地成长、成才的。

（三）

中国航天事业从无到有，我是主要参与者之一，各种酸甜苦辣都经历过。

20世纪50年代末到60年代，是中国航天事业起步阶段。最初组建国防部第五研究院和核工业部（研制导弹和原子弹的新单位）时，除了钱学森，我们谁都没有见过导弹或者火箭，简直是两手空空，一张白纸。那时赶上"三年自然灾害"，我们还吃不饱饭，很多人都水肿了。办公楼一时盖不起来，我们就在机场的大机库里工作，夏天挥汗如雨，用手摇计算机进行分析和设计。

60 年代，美国、苏联封锁我们，卡我们的脖子。我们以"初生牛犊不怕虎"的劲头开始自行设计中国的第一枚中近程地地导弹，设计的各个系统分部都是自己研究。1962 年，中近程地地导弹研制出来，我们运到酒泉基地测试。可是立在发射架时，导弹出现了抖动。我在基地和在京的所长电话联系，那边同时做模拟仿真实验。电话一打就几个小时，事后，同事从电话话筒里磕出一大堆烟灰，可见当时工作的紧张程度以及我的烟瘾之大。

导弹发射起来以后，却像喝醉酒一样摇摇晃晃，头部还冒烟，最后落在发射阵地前 300 米的地方，砸出一个直径 20 多米的大坑。

看着第一枚自己研制的中近程地地导弹失败了，大家非常沮丧。但从个人的体会来说，我觉得失败比成功更有启发，我们吸取了很多教训，总结出了很多宝贵的经验，开始掌握了研制导弹的方法。

我的研究工作都是常年在外，而且还是保密的。孩子们出生时，我均不在场，家里家外全靠妻子。1972 年前，我们研制出了 4 种导弹。导弹发射时，我们都将生死置之度外，在现场开展工作，有的同事还写好了遗书。

记得那个时候，我们五院各分院的科研办公大楼每晚都灯火通明，同志们都自动来加班或学习，直到深夜。当时政委、指导员来到办公室的主要任务之一，就是动员大家早些回家休息，不要干得太晚，但是往往赶也赶不回去。我们正是靠这种发愤图强的精神来走自行研制的道路。虽然艰苦，但走通了，路子也越走越宽。

（四）

1980 年，我国要向太平洋发射远程运载火箭，这等于在向世界公演，这给我们的压力特别大。我当时主要从设计、工艺、环境和可靠性等方面做大量细致的分析工作，并采取相应的措施。

那是 1980 年 5 月 18 日凌晨，远程火箭从酒泉基地点火起飞，奔向太平洋，30 分钟后准确无误地落在预定的太平洋海域框内，在茫茫的海面上涂上一片由标志染色剂染出的翠绿色，这美妙绝伦的场景至今仍印在我的脑海里。

正如聂荣臻元帅所说，"四个现代化"靠买是买不来的。这一场试验，标志着我国已经解决了洲际导弹有无的问题，我国真正成为核俱乐部的重要成员，极大地提高了我国在国际上的发言权和威望。

这是一场试验，但成功来之不易。过去，人们往往把可靠性工作和概率统计、可靠性预测以及可靠性评估、抽检等可靠性数学联系起来。我认为，航天产品的可靠性工作不是一个学术问题，而是一个工程实践问题，于是，我提出了可靠性工程学这个问题。在整个研制过程中不间断地抓质量和可靠性，做好元器件、材料、工艺等基础工作，把可靠性工作从数理统计为主，扩展到工程实践中。采取了这一系列的措施之后，长征二号连续成功地把17颗返回式卫星送上了天。

从第一颗原子弹、第一枚导弹、第一颗人造地球卫星到第一艘"神舟"飞船，我能和第一代航天战士一起，白手起家、自力更生，创建完整坚实的中国航天事业，使中国居世界航天强国之列，能为此奉献自己的一生，我感到无比光荣和自豪。

当年，我是带着"走工业救国道路，学成回国为国家建设出力"的理想到美国读书的，所以，新中国成立的那一年，我积极响应祖国号召，学成回国，是最早回到新中国的留美学生之一。

当年，我的许多同学选择留在美国，但我不愿意。在我的内心里，父亲的爱国思想一直激励着我。"苟利国家生死以，岂因祸福避趋之"，这是我的人生格言，至今仍是。

有人曾拿我和留在美国的老朋友林桦作对比，但我觉得这样的比较没什么大意义。当年，我回国，他留美。他是美国波音宇航公司的首席科学家，相当于总工程师。我也曾是中国航天工业部的总工程师。他在美国研制洲际导弹，我在中国也研制洲际导弹。在20世纪80年代，他的年薪是30万美元，我的工资是他的百分之一。他在美国住漂亮大别墅，我住普通房子。对此，大家问我有何想法。我的回答是，他制造的洲际导弹是瞄准中国的，我们制造的洲际导弹是保卫祖国的，不一样。

我这一生，经历了中国航天事业从无到有、从有到完整坚实的过程。看到"神舟五号"成功发射，和年轻航天战士在一起，我倍感无上光荣和自豪。

（五）

我第一次回家乡是 1981 年。当年，我们梁家组成一个"还乡团"。三姐、三嫂、五姐、堂弟、我和秀琼（梁思礼太太）首次回乡。那次，我们到了广州后，还要坐车坐船渡过三条江才到新会。回到家乡后，受到了乡亲的热情接待，这使我对家乡产生了浓厚的乡情。当时我语言不通，县政府陪同的同志当翻译，乡亲们给我们说父亲小时候的传说，我们的到来让整个小村庄热闹起来。从此，我每次回乡都受到村里乡亲的热情接待，我不觉得陌生。

父亲在世时，家里还说广东话。父亲过世后，家里几乎没人说广东话。我虽然不是出生于新会，从幼年到现在从未在家乡生活，不会说广东话，但新会永远是我的故乡，我就是新会人。

吴泽理：追随孙中山闹革命

◎整理：吴永亮

吴泽理（1889—1962），名胜，以字行，广东新会古井文楼乡人。他出身华侨家庭，少年时随父赴加拿大，后受革命思想影响，在加拿大同盟会分会工作，练就了一手好枪法，早年追随孙中山闹革命，晚年又力拒汪伪、日伪政权的引诱，高风亮节，永留青史。

吴泽理
（图片来源:《文楼乡音》）

投身革命，热血戎马

1916年初，袁世凯恢复帝制，孙中山发动讨袁运动。吴泽理闻讯，在加拿大组织华侨义勇（讨袁）敢死队，回国参加讨伐袁世凯运动。

1917年，张勋复辟，北洋军阀践踏中华民国约法，孙中山南下广州组织护法运动，被选为海陆军大元帅。吴泽理的华侨敢死队部分被编入粤军第一军许崇智部警卫营，吴泽理任营长。

1919年随粤军入闽南。次年，粤军回师广东，讨伐桂系盘踞广州的军阀。吴泽理率警卫营在一次战役中救护许崇智脱险，深得许崇智信任。

1921年5月，孙中山在广州就任中华民国非常大总统，出师北伐，吴泽理率部随许军入桂作战。他对留守广州的陈炯明的异常举动有所警觉，曾劝许崇智回师，未被接受。后陈炯明部果然叛乱。乱平后，许崇智总揽军权。

时粤军总司令部参谋长蒋介石具有野心，吴泽理有所察觉，曾向许崇智进言，亦未引起注意。

1922 年 9 月，时任讨贼联军第二军第一独立支队司令的吴泽理向孙中山汇报当时在新会、江门进行讨贼作战的情况。

1923 年 2 月，由朱卓文、周之贞协同收复江门，吴泽理随即进入广州，随后参加东江战役。现在，在古井文楼村的吴泽理故居里，还留有他关于此事由来及经过的亲笔书信的复印件。

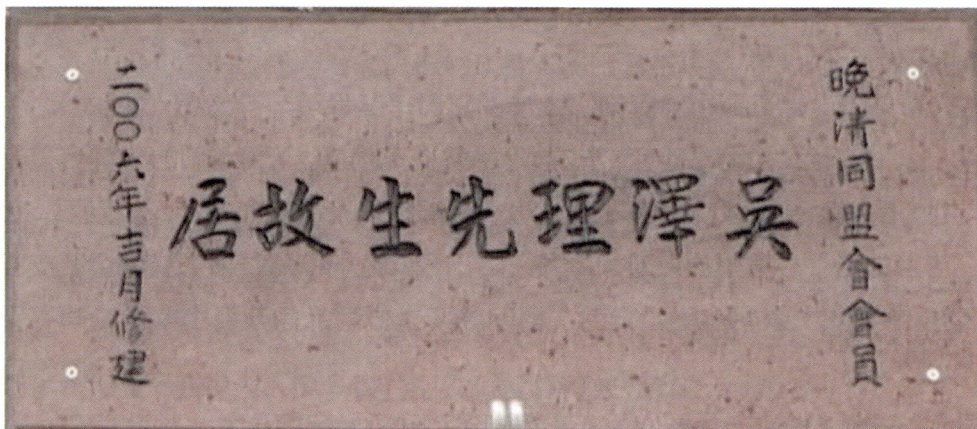

位于新会古井镇文楼村的吴泽理故居。在古老的两层青砖瓦房里，存放着的几张旧照片和电函，记载了他当年跟随孙中山闹革命的历史（图片来源：《文楼乡音》）

1924 年，吴泽理的警卫营改编为五邑卫商旅，他任旅长，驻江门。

1925 年初，改任粤军第三警备司令，司令部驻新会会城五显冲。2 月，奉令调防香山（今中山市）。是年冬，蒋介石借"廖仲恺被刺案"打击许崇智，夺取粤军军权，并派军前往石岐，解散吴泽理的警备军。吴因事往港，幸免遭捕，但他因此脱离了军界。

1940 年，汪精卫邀请吴泽理加入汪伪政权，许以高级军职。吴以一首古诗回复："千锤万凿出深山，烈火焚烧若等闲。粉骨碎身全不怕，要留清白在人间"，给了对方一个最有力的还击。

拒绝了汪伪政权任职，为了革命理想多次"逃亡"，是吴泽理一生的一大特色。尽管处处波折，吴泽理却披荆斩棘，从未妥协。追根究底，这是由吴泽理的个人性情所决定的。

30年代初，陈济棠主持广东军政，与蒋介石对抗。吴泽理从港返穗，隐居于广州市河南基立村，居所称"退园"，一度成为反蒋军政人士聚会场所。吴铁城任广东省主席时，聘吴泽理为省政府高级参议。吴曾被推举为广东"美洲同盟会"名誉理事。

广州沦陷期间，日伪诱吴泽理出任伪职，被吴坚决拒绝。后避居乡间，保持晚节。1962年，吴泽理病逝于香港，终年73岁。

情系桑梓，助学修桥

家住文楼村的吴泽理侄孙吴靖豪向我们透露：吴泽理除了积极跟随孙中山进行革命外，他还十分热心建设家乡。看见乡里的教育事业停滞不前，看见子侄文化少，没有前途，于是发动华侨捐款，在吴泽理的带头发动下，四位华侨每人出钱各建造一座课室，教室以各自的名字命名，还筹资扩建崇让学校（今文楼学校旧址）。这开创了新会境内华侨捐资办学的先河。

吴泽理侄孙吴靖豪说：吴泽理人很豪爽，回到家乡见到文楼村的石桥破落，又慷慨捐资修桥。

同盟会吴泽理筹资扩建——崇让学校十周纪念章（鎏金）
（图片来源：https://www.997788.com/pr/detail_134_16415504.html）

逸事趣闻

根据吴泽理后人提供的文字资料，整理如下：

"做人要以忠孝仁义为准则。父亲生前庭训非常严格，对子侄辈之教导恩威并济，使我们能端正做人。父亲一生均坚持此一行为准则，把它当作为人处事的依据。忠于国家，舍名利而乐道安贫，刚直不阿。在孝道方面，无论在广州或者香港，父亲虽然曾身为司令，但有时祖父指责他，他不但诚心接受教诲，甚至下跪领罪。"吴泽理的长子吴国民对父亲的这些印象，正反映了吴泽理的性格特点。

吴泽理少年时曾在新会县城广东崇实学堂读书，在动荡的年代里，青年学生高谈阔论革命理想成为风尚。头脑灵活的吴泽理本身就是一个热血男儿，同龄人的思想渐渐地深入他的内心，在当时的氛围影响下，吴泽理加入同盟会的外围组织。新会古井文楼村是一个典型的华侨村，迫于生计，很多乡人远走美国、加拿大谋生。和其他乡人不同的是，23 岁的吴泽理是在参加孙中山领导的二次革命失败后，经香港逃亡加拿大的。

这本是一次"亡命之旅"，然而，逃到加拿大美洲同盟会多伦多支部后，吴泽理很快就忘记了自己"亡命之徒"的身份，四处活动，积极为革命筹募军饷。这样的"旅行"对吴泽理来说充满了惊险和刺激，然而，这位"斗士"坚信自己从中能找到救国的理想，愿意为其赴汤蹈火。

关于吴泽理在异国他乡的转折遭遇，吴泽理的儿子吴国民在自己的回忆资料中描述了一件趣事：吴泽理工作之处附近有一家游乐场，他闲时便去玩射击，从小好玩弹叉的他玩起射击简直是如鱼得水，百发百中。老板见其射击准确，吸引众多游客，生意日渐红火，索性让他免费玩耍。吴泽理经常来玩，借此结交了一些志同道合的朋友，他们共同宣传孙中山的革命理想并积极为革命筹募军饷。

在辛亥革命众多的仁人义士中，吴泽理并非举足轻重的大人物，但孙中山在危难时刻偏偏记住了他。吴泽理多次临危受命，很大程度上是因为他有一个与众不同的特点——枪法好。

1917 年，孙中山派吴泽理到元帅府参军处，第二年在桂林召开军事会议。其间，孙中山稍作休息，走到山林里，远远看到一只鹰在树上。孙中山允许卫士带枪打鸟。卫士举枪，枪响鹰飞。岂料，这只鹰又重新飞回到树上。孙中山再命另一卫士射捕，可惜亦未命中。这只鹰好像开玩笑似的，很快又飞回到树上。孙中山让吴泽理打，吴泽理举枪，鹰应声落地，孙中山大赞其枪法精湛。这一精彩的"表演"，让吴泽理一时名声大噪，也让孙中山深深地记住了他。

另有一传闻，自吴泽理声名远播后，很多民众一见到吴泽理，就请他表演枪法。有一次，吴泽理表演另一绝技：他从裤子左边口袋中掏出一把银币，往空中一抛，然后不慌不忙地，右手从腰间拔出手枪，举枪向天，只听见：砰！砰！砰！……枪声过后，从空中飘下大小不一的银色碎片，落在地上的银币没有一个是完好的。围观的人群掌声雷动，无不啧啧称奇。消息不胫而走，传遍了整个华南地区。

吴泽理以自己的行为，勉励青年学好本领，报效国家，谨记孙中山"革命尚未成功，同志仍需努力"的训辞。吴泽理次子吴国端后报考航空学校，成为"二战"中国空军双翼飞机王牌飞行员。同乡人吴冷西也是受吴泽理的鼓励，走上革命道路的。

名垂青史

吴泽理一生艰苦奋斗、义气豪爽，始终保持着忠于国家忠于民族的气节，深受乡亲以及战友们的爱戴。1962年，移居香港多年的吴泽理病逝，当地报纸以"革命老人"为题进行报道，细数其生平事迹作为追思。吴泽理葬于香港荃湾华人永远坟场，墓碑由原粤军总司令许崇智题写，参与致祭者有当年长官、袍泽以及文楼村乡亲数百人。

参考资料

1. 吴泽理后人和乡贤的口述。

2.《文楼乡音》。

3. https://baike.baidu.com/item/%E5%90%B4%E6%B3%BD%E7%90%86/1052996
66?fr=aladdin.

4. http://www.csi-ext.com/article-22-28849-0.html.

5. https://www.997788.com/pr/detail_134_16415504.html.

25 陈仲衡、陈丽荷：夫妻同心的地下党 [1]

◎陈文焯

新会县的和平解放全靠中共新会党组织的正确领导，而党外人士的积极配合也功不可没。在这些党外人士中，有一对新婚不久的夫妇陈仲衡、陈丽荷——同心同德参与地下工作，表现尤为突出，受到中共党组织的肯定。

晚年的陈仲衡、陈丽荷伉俪

---

① 本文图片由陈仲衡夫妇家属提供。

陈仲衡捐轮船开辟地下航运

1945 年底，设在云浮县的中共中区特委办事处，委派干部黄子彬携带资金去江门开辟地下水上航运。黄子彬通过老同学、新会进步青年陈仲衡的关系入股江门"前进船务行"。后来，黄子彬、陈仲衡还采取排除旧股的策略，完全掌握了"前进船务行"和"前进渡"船的经营权。在黄子彬、陈仲衡的努力下，一条航行于西江中游罗定县至下游江门的航线开通了。中共中区特委策划开通这条航线的目的，一是在"前进渡"船上和船务行各业务网点安插部分共产党员，以合法职业为掩护开展地下活动；二是为粤中纵队接送兵源和军用物资分赴各地战场；三是在西江沿岸广揽客运货运业务，为中共领导的武装部队的给养和党的活动经费提供经济来源。消息传出后，该航线的水上航运业务越来越多，而只有"前进渡"这艘机动船在运作，已明显应付不了日益增多的航运任务。黄、陈二人见此情况一时不知所措。陈仲衡急中生智提出一个大胆想法，经黄子彬和中共中区特委同意，他返回新会天马乡老家给父亲做工作。经过三天的循循善诱，奇迹出现了，陈老爹慷慨捐出四十两黄金，用于购买一艘机动船交给中共中区特委，根据捐金者的意愿将新购的机动船安排到"前进船务行"。陈仲衡还亲自登船当驾驶员，多次驾船为粤中纵队接送军用物资和兵源，为解放西江沿岸城市发挥了巨大作用。

陈丽荷领衔葵风小学建秘密据点

1947 年初，中共新会地区负责人决定依靠社会进步力量，在会城开办一所学校，安插一些共产党员任教，建立一个秘密的活动据点，并把建校任务交由陈仲衡、陈丽荷夫妇负责。陈仲衡、陈丽荷二人不辱使命，四处张罗选校址、筹资金和觅教师。大家齐心合力，很快将校址选定在会城知政中路东侧何太保府（今东方红中学闸门附近），并定名为"葵风小学"，同时成立校董会，二人和另外几位凑钱出来办学的党外进步人士都成为股东。大家一致推举潜伏在县文教科任科长的中共党员赵梅友为董事长，中山大学毕业生陈丽荷为校长，陈东为教导主任。

作为葵风小学首任校长的陈丽荷深感责任重大，和同事们一起夜以继日地开展修缮校舍、筹集教学设备、设置科目、招生等准备工作。1947年9月，葵风小学招收了200多名新生顺利开学。

在葵风小学，除了日常的教学工作，陈丽荷还接受中共地下党组织交代的任务，如带领师生学唱革命歌曲、接待外地过来的中共要员、为中共党组织在此召开的会议站岗放哨等。葵风小学党内党外教师团结一致，贯彻进步的办学方针，加上师资好、教学质量高，很快在会城教育界赢得声誉。此外，陈丽荷还联系其他几所小学的进步教师，在葵风小学成立"会城教师联谊会"，组织教师们开展各项进步活动，使葵风小学成为中共党组织在会城地区团结小学教师队伍的阵地。

陈仲衡参与创建"解盟"成骨干

为了争取和团结社会各阶层进步人士，加强反蒋统一战线力量，配合南下解放军解放新会，经中共新高鹤区工委研究，决定成立一个名叫"新会人民解放大同盟"（简称"解盟"）的群众组织。

1948年8月初，中共新高鹤区工委新会特派员冯光秘密召集共产党员容辛、党外人士何达云和陈仲衡在会城象山开会，同时成立"解盟"，并制订其宗旨为：把一切同情和赞成人民解放事业的各阶层人士团结在中共党组织周围，在中共党组织的领导下从事各种革命活动。象山会议还对"解盟"的任务、发展盟员问题进行了解释，对部分地区负责人作了分工：容辛负责江门"解盟"工作，何达云、陈仲衡负责会城"解盟"工作。"解盟"成立不久便发展了一批盟员，其中新会一中就有数十名学生参加。何达云发展了曾子、谭增钦，陈仲衡也发展了陈丽荷、陈柏坚、陈东、陈廷勋、梁其苏、梁炳培等为新盟员。后来冯光调回新高鹤地工委任职，新会

"解盟"的领导工作则交由中共新会区委书记曾国棠负责。

"解盟"在中共党组织的直接领导下，在宣传党的政策，团结知识分子和各阶层人士，动员人力物力支援新高鹤游击区和输送情报，迎军支前及做好和平解放江会等工作中发挥了巨大的作用。

陈仲衡深入"虎穴"建奇功

为和平解放新会，中共新会区委审时度势采取了一系列行之有效的措施，其中通过"解盟"秘密开展一些深入"虎穴"的工作。

1948年11月，陈仲衡、何达云奉"解盟"之命，先后打入国民党新会县政府机关工作。在赵梅友的帮助下，陈仲衡以香港国民大学毕业生身份进入县政府第三科（教育科）任督学。何达云被安排到第四科（社会科）任科员。陈仲衡、何达云利用职务之便利搜集了大量的情报向中共党组织反馈。陈、何还进行"策反"活动，其中对县政府秘书梁正的统战工作卓有成效。梁正平时关注报纸和电台的新闻报道、时局的进展，陈、何便做启发引导工作，生活上更是给予帮助，以好朋友的姿态出现。经过努力，梁正搜集到不少重要情报，并向陈、何表示投靠"解盟"等进步阵营，决心参与拯救被捕进步人士、维护社会治安和迎军支前等有益于和平解放新会的工作。

1949年5月8日至12日，陈仲衡受"解盟"派遣，以县政府督学身份、以拜访同族兄弟为名，两次前往国民党驻新会部队，会晤了县城防司令陈仕俊。这是事关大局的"敌营之行"，是冒着生命危险的"虎穴探囊"。陈仲衡以委婉兼强硬的语气向陈仕俊讲述人民解放军已解放了东北、华北等广大地区，现正以势如破竹之势南下向广东推进，将很快解放江门和会城等形势，要求陈仕俊带领其部队做好如下工作：一是将部队一分为二。一部分驻守会城郊外几处入城交通要道，防止各乡村贼人趁乱进城洗劫；另一部分驻守会城内街，防止城内贼人趁乱盗抢公私财物和破坏市政设施。二是对进城的解放军和沿途欢迎的群众不拦阻、不发一枪一弹。

通过陈仲衡动之以情、晓之以理的引导、沟通，陈仕俊见大势已去，便答应了陈仲衡的要求。后来直到末代县长张寿逃离新会、解放军进城接管县政权的几个月，陈仕俊都按与陈仲衡商定的要求行事，没有食言，为解放军顺利入城、接管县政权、维护社会稳定进而和平解放新会奠定了基础。

陈丽荷升起会城第一面五星红旗

1949 年 5 月下旬至 10 月下旬，陈丽荷和梁正按"解盟"会议分工，在这段时间缝制大小型五星红旗 100 多面、刻写油印《中国人民解放军宣言》等传单一批。

1949 年 10 月 22 日上午，李光中和解放军先遣队负责人在江门与国民党军队驻江门部队的代表举行谈判，双方达成了和平解放江会的共识。

22 日晚上，陈丽荷按"解盟"的指示，手捧一面五星红旗，在几位教师的陪伴下沿木梯登上葵风小学校屋顶，庄严地升起了会城地区第一面五星红旗。当晚，几位教师在陈丽荷的带领下奔赴会城大新路，分别在长安药店、百吉鞋店和新新酒楼等建筑物上悬挂了五星红旗，还在主要街道的建筑物墙上张贴了"欢迎解放军入城"等标语。

23 日清晨，国民党驻江门部队在江门举行了归顺解放军的起义交接仪式。23 日晚，中共新会特区工委书记曾国棠接到李光中关于江门会城情况汇报后，立即命令大鳌百顷乡的新生连北上，挺进江会，成为和平解放江会的第一支地方人民武装部队。

24 日下午，中国人民解放军第二野战军先遣部队从南海县九江乡乘船渡过西江抵达江门北街登岸，由李光中和关立带路直奔江门和会城，沿途无数群众夹道欢迎。至此，珠江三角洲通往粤西门户重镇江门与会城和平解放了。

苍苍圭峰山、茫茫银湖水，见证了陈仲衡、陈丽荷这双革命伴侣以及一批党外进步人士，在夺取和平解放新会的斗争中创立的丰功伟绩，新会人民将世代铭记他们。

参考资料

1.《中共新会党史——新民主主义革命时期》（中共新会市委党史办办公室编，中共党史出版社，1996年）。

2. 李光中《陈丽荷参加"解盟"情况》手稿。

3. 陈仲衡《"解盟""应变委"成立情况》手稿。

4. 陈仲衡《陈仲衡、陈丽荷简历》手稿。

李光中《陈丽荷参加"解盟"情况》手稿

龚昌荣：红色传奇特工

◎ 梁　怡

20 世纪 20 年代，中国革命浪潮风起云涌，在特工战线上一直流传着"一人抵百人""百发百中老广东""上海滩传奇"的传说，他的名声威震广州、上海、香港三地。他是罕见的特工天才，产业工人和工人纠察队出身，自律性极强，又深藏不露。他从不在公共场合露面，极少在党内会议上露面。党内只有几位最高领导见过他，但似乎也不知道他的住处。

龚昌荣
（图片来源：CCTV4 截图）

他，是资深的中共特工、中共中央特科红队队长，凭借一身过硬本领，隐秘保护中国共产党组织和战友的安全。他就是一代红色传奇人物——龚昌荣。

龚昌荣，曾化名邝惠安、邝福安，广东新会江门镇水南乡龙环里（现属江门市蓬江区水南龙环里）人，1903 年出生于一户李姓的农民家里。幼年时候父母将他送给旅美华侨龚福利（龚定宽）做养子，改名龚昌荣。龚福利在江门水南龙环里建房定居，龚昌荣随养父生活。水南乡历来有习武的风俗，从小在此生活长大的龚昌荣也练就了一副好身手。1921 年中学毕业后，龚昌荣与同乡姑娘张美香结婚。1925 年水南乡成立农民协会和农民自卫军，龚昌荣参加农民运动，并与水南乡农民自卫军一起进行革命活动。

龚昌荣（左）

1925年6月，省港大罢工爆发后，龚昌荣前往广州参加洋务工会，加入省港罢工委员会纠察队，同年加入中国共产党。在此期间，由于工作关系，龚昌荣与担任省港大罢工委员会宣传部演讲分队队长的林锵云在一次偶然的机会相识，因同为新会乡亲，龚昌荣比林锵云年轻9岁，两人从此便以兄弟相称。龚昌荣在"林大哥"的身上学会了许多工运斗争的经验和为人处世的方法，而"龚老弟"这位年轻的共产党员，嫉恶如仇、无私无畏和对党坚定的信念，则深刻影响了香港海员出身的工运战士林锵云，使其思想觉悟得以迅速提高，积极向党组织靠拢。1926年9月，邓发、龚昌荣作为入党介绍人，介绍时任南海县党部农民部干事的林锵云加入中国共产党。

链接

林锵云，历任中共九龙地委书记，全国海员总工会、全国总工会香港特派员。抗日战争时期，任珠江纵队司令员。中华人民共和国成立后，历任中共中央华南分局委员兼职工委员会第二书记、广东省总工会主席、中国海员工会华南区委主席、中共广东省委常委、广东省副省长。第一、二届全国人大代表，第三届全国人大常委会委员。

林锵云故居展览室展示栏

　　广州起义失败后，龚昌荣跟随彭湃在海陆丰地区坚持武装斗争，担任工农红军第四师连长。这段时间里，他有更多的机会学习，战术水平和指挥才能得到进一步的提高，特别是练出了一手好枪法，为成为神枪手打下了坚实的基础。在一次掩护大部队撤退时，他选择一面前面有水田的山坡作为阻击敌方进攻的阵地。敌方冲锋兵几次受到龚昌荣那支神枪的准确"指点"，一个一个倒下去，他因此威名大震，闻名南粤。1927年4月15日，国民党袭击缉私卫商团，龚昌荣脱险后，秘密回到洋务工会，参加中共广州市委委员沈青领导的"剑仔队"。同年11月，张太雷、叶挺、叶剑英等来到广州筹备起义，计划12月13日起义，龚昌荣任工人赤卫队敢死队队长。其妻张美香任交通员传递信息，运送军火，缝制起义用的旗帜、红带等。12月12日，张太雷在参加工农兵群众大会后回起义指挥部的途中遭到伏击，中弹牺牲。正在附近执行任务的龚昌荣闻声赶到，迅速消灭这股敌人，把张太雷的遗体运回起义指挥部，并击退了敌人对指挥部的袭击。

1928年春，龚昌荣奉南路特委之命秘密来到广州湾（湛江），在高州准备兵变事宜。他和何瑞吸收了特务营的一名士兵，成立"革命士兵联合会"，团结领导士兵。龚昌荣又与何瑞、邓施公等人设立了兵运小组，直接领导特务营的兵变发动和组织工作。随后，兵运小组在七十团和七十一团内也各争取到一营的士兵，并也建立了两个团的兵变组织。7月下旬，南路特委授意龚昌荣准备兵变。龚昌荣等计划在高州和雷州同时发动兵变，在高州兵变后向化县发展，打入梅菉，再占水东；雷州兵变后，一部分人留雷州，同琼崖进行军事联络，一部分人向遂溪、廉江方向发展，再由廉江向钦廉、北海发展，完成南路割据。完成兵变部署后，龚昌荣回广州湾向南路特委汇报高州兵变事宜。龚昌荣刚离开高州，兵变就提前爆发了。高州兵变不久，南路特委根据龚昌荣在高州、雷州同时发动兵变的计划，又提出了在雷州发动兵变的决定，且决定再派龚昌荣到雷州发动兵变。1928年9月，龚昌荣、杨枝水及中共海康临时县委书记薛文藻在广州湾被法国警察逮捕。经营救，11月龚昌荣出狱，由于暴露了身份而撤离广州湾。

1930年某日，陈铁儿（陈铁军妹妹）按计划约游体仁到一处民宅修理厕所水龙头。游听说是去据点，以为又有机会向谢安领功请赏了，就跟着陈铁儿去到山顶一别墅。游刚走进厕所，龚昌荣就拔出匕首，一个箭步冲到他跟前，一下结束其性命。游体仁的尸体一直到腐烂发臭才被警方发现。

同年7月，中共香港市委书记邓发组织"打狗队"（外人称"红色恐怖队"），专门对付叛徒、特务，以保卫省委机关和香港党组织的安全。龚昌荣即被调往香港任"打狗队"队长。当时的香港，国民党特务和港英当局互相勾结，镇压革命，专门收买、策反共产党组织内的动摇分子、软弱分子。邓发利用社会关系，故意结识港英当局侦缉队队长谢安，约定在九龙上海街一新餐馆商谈要事，预先由龚昌荣率队等候见机行事。谢安全副武装，并带着两个"马仔"赴会。龚昌荣一眼就认出是陈泽生、黄宽，为了不误事，趁两人未发现自己，迅速拔出双枪将谢安击毙，其他队友则迅速向陈泽生、黄宽开火，一个被打伤，另一个跳楼跌断腿。街上巡警闻声赶来时，"打狗队"已迅速撤离了现场。谢安、游体仁之死震动港英当局，派出大批警察、密探进行搜查。10月，龚昌荣接令撤离香港，转移到上海工作，担任中共中央特科红队队长，化名邝惠安、邝福安。

🔗 链接

1930年中共中央成立特别委员会（简称"特委"），由向忠发、周恩来、顾顺章组成，任务是保卫党中央机关的安全。特委下设中央特科，由顾顺章负责。特科下面设一科（总务科）、二科（情报科）、三科（行动科）、四科（电讯科）。三科下设红队，又称"红色恐怖队""打狗队"。

1931年4月24日，"中共历史上最危险的叛徒"顾顺章在武汉遭逮捕后投靠中统，致使共产党地下党组织遭受巨大破坏，多名人员遇害。当时顾顺章被叛徒、沪中区委书记尤崇新出卖，被捕当天就叛变。龚昌荣上任后第一次行动，就是制裁尤崇新这个叛徒祸根。1931年9月，他派红队队员李龙章到汉口刺杀了尤崇新。同时根据周恩来的指示，率领红队队员周密地保卫并迅速掩护中共中央领导人转移，果断地隐蔽了顾顺章在上海所能利用的重要社会关系，使国民党对中央机关进行大破坏的阴谋没有得逞。周恩来在撤往中央苏区前改组了特科机构，龚昌荣继续担任红队队长。随后他在上海及全国各地调来一批忠于革命、胆大心细而又具有军事知识及技能的干部，队员人数精简，仅二三十人，分为若干小组，以公开职业为掩护，与家属同住以掩人耳目。平时互不接头，由三科和龚昌荣本人保持与各小组的联系。又在上海设立若干秘密据点，存放枪支弹药，一旦有行动，队员才到存放点拿武器，这使得红队的行动更有效和安全。龚昌荣当年在上海法租界巨赖达路凤祥银行二楼的住所就存放有一批枪械，由妻子张美香（此时已带着两个孩子到上海参加革命工作）负责保护机关和管理枪弹。

龚昌荣艺高人胆大，常常单枪匹马去执行任务，神出鬼没地在街市刺杀叛徒或中统特务头目。1933年初，共青团沪西区委干部胡天被捕不久后叛变，出卖了共青团中央机关。龚昌荣查知他搬到小西门住，有一天只身来到小西门，坐在巷口的水房喝水。等胡天出门时，他放下水碗抬手一枪便将胡天击毙，从容结账后离去。还有一次在街上，他发现一位同志被特务盯梢，就暗中跟随到一个转弯处，一枪将特务击毙，跟在后面即"交替跟踪"的另一个特务吓得不敢动弹……龚昌荣留下了不少这样的个人传奇故事。国民党中统局上下无人不知邝惠安的厉害，却只知其人，而不知其真实姓名、模样。龚昌荣严格的管理和严谨的活动方式，使红队整支队伍四年间不曾暴露，甚至让中统一点线索都抓不到。

1934年以后，上海的革命形势日渐恶化，党组织不断遭到破坏，红队也未能幸免。1934年秋，由于被中共上海局书记盛宗亮出卖，龚昌荣、赵轩、孟华等红队队员不幸被捕。

1935年清明节，连绵不断春雨下的南京显得格外清冷。4月13日，身陷南京宪兵司令部的龚昌荣，面对绞刑，没有一丝一毫的胆怯，只有"我自横刀向天笑"的从容与淡定。抵制多次劝降诱惑的龚昌荣慷慨赴死，魂断南京！

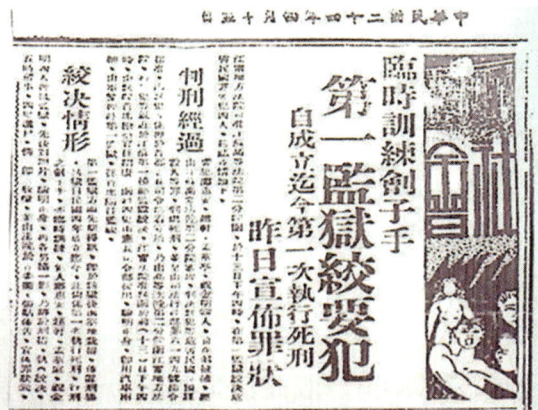

1935年4月13日下午4时，龚昌荣等人被国民党反动派绞杀报道

草木含悲，江河呜咽。一代传奇特工龚昌荣就这样倒下，但他在隐蔽战线上已然树立起一座不朽的丰碑！

新中国成立后，龚昌荣被人民政府追认为革命烈士。

龚昌荣革命烈士证明书

参考资料

1.《南方日报》。

2.《南方都市报》。

3. 中央电视台 CCTV4 "国家记忆" 栏目《红色堡垒 红队在行动》。

25 陈照薇：桃荫别墅主人

◎黄柏军

　　新会地区解放初期，一则广东省人民政府主席叶剑英与开明士绅陈照薇先生真切交往的故事广为流传。据说陈照薇（桃荫别墅主人）应邀到广州参加广东省第一届各界人民代表会议，其间受到广东省人民政府主席叶剑英的接见。在交谈中，叶剑英主席勉励陈照薇先生说："希望你继续努力做一个现代的李鼎铭。"

　　那么，陈照薇先生究竟是个怎样的人？有怎样的社会成就？为什么能够得到叶剑英主席的接见和殷切勉励？他与革命根据地大鳌百顷有着怎样的密切关系？为什么他又被称为"桃荫别墅主人"？这一切的一切，要从陈照薇先生的青年时代说起。

爱国教育家陈照薇

　　陈照薇身上具有多重身份，他不单是乡绅，还是当地著名的慈善家和图书馆学家。

　　陈照薇，新会外海人，出身于书香世家、官宦世家，其祖上三代均是晚清时期的举人，家境富有，是外海的名门望族。20 世纪 20 年代初，陈照薇毕业于广东师范学堂，后担任新会景堂图书馆首任馆长。在抗日战争、解放战争期间，他思想开明、支持革命，对中共地下党开展武装斗争贡献良多。特别是在担任新会外海、百顷乡乡长期间，他大力倡导助教兴学，积极培育人才。1944 年，陈照薇出资创建大鳌百顷小学，并将小学内原来自住的桃荫别墅用作教工宿舍。此外，他在家乡外海积极支持开办五昌小学、贤贤小学，并担任外海第一所中学——莘隐中学的校董会主席。由于他本人思想进步、民主开明、支持革命，上述几所小学、中学均办得很有活力，远近闻名。大鳌百顷小学和外海莘隐中学还成为解放战争时期中共地下党员隐蔽、活动的据点和基地。在陈照薇的支持下，百顷乡革命之火熊熊燃烧，是粤中纵队新会独立团建立和发展的摇篮。

陈照薇（前排左一）与新会景堂图书馆第一批馆员合影
（陈照薇先生之子、佛山市离休干部陈铁供图）

陈照薇与中共地下党组织同呼吸共命运。他曾冒着极大的危险，在担任百顷、外海乡乡长和新会县参议员期间，将了解到的国民党新会县政府的会议决策和地方政府将要采取的"反共"措施及时通知中共地下党组织。陈照薇在外海永安里的住宅，是中共地下党组织接头的联络点和情报转运站。陈照薇家，长期接收从香港秘密运回来的《华商报》《正报》等进步报刊，再由陈照薇的儿媳妇、中共地下交通员陈佩珊辗转传递给百顷地下党。就这样，身在曹营心在汉，陈照薇及其家族成员以"白皮红心"的身份默默支持中国共产党的解放事业。

1947年，陈照薇的大儿子陈冠芳从广州艺专学校戏剧系毕业，与同学余克正、姚耀和、董丹东（董荡平）等知识青年一起，以百顷小学作为阵地，开展进步运动，后因引起国民党反动派注意并准备派兵围剿而被迫撤出。

1948年，陈照薇两次慷慨解囊，共捐出6 000港币，支持陈冠芳、董丹东等革命青年投奔粤赣湘边游击区以及为游击区购买急需物资等，很多受其资助和支持的爱国青年对这位开明士绅的爱国大义深表敬佩。

作为外海、百顷等几所中小学的校董会主席，陈照薇的言行为学生们作出了表率。受其影响，不少青年走上革命之路。新中国成立前夕，外海莘隐中学一部分学生经过党组织的精心安排，奔赴游击区，参加了粤中纵队，为日后解放江门、新会贡献力量。陈照薇担任校董会主席的百顷小学，成为后来解放江门、新会地区的粤中纵队新会独立团新生连的驻地；他的桃荫别墅更成为新会独立团新生连的指挥部，和平解放江门、进军新会的庄严指令就是从桃荫别墅发出的。

大鳌开明士绅、新会独立团新生连连长黄社根
（黄社根之孙、江门职业技术学院副教授黄建中供图）

1949年10月，江门、新会和平解放前夕，陈照薇遵照中共新会区委的指示，配合外海地下党组织负责人召开陈氏族务会议，主持会议并推动作出

外海陈族决议：外海陈族支持中国共产党，支持家乡和平解放，外海自卫队交出全部武装，迎接中国共产党的地方武装新会独立团新生连的进驻。由于陈照薇先生的大力支持，外海乡终于和平解放，为解放江门、新会奠定了有力基础。

革命火种在桃荫别墅点燃

和平解放后，不少当年与陈照薇有过交往、打过交道的中共地下党员，对这位开明士绅有着说不完的尊敬和缅怀：那是风云变幻的 1949 年 5 月，为适应斗争形势发展的需要，中共新会区委按照中共新鹤县工委指示，在百顷乡先后接收了邓强、吴庄、吴志平、黄明湘等人的党组织关系，并顺利建立中共百顷支部。**这也是大鳌第一个中共党组织。**同年 7 月，中共新会区委机关驻地转移到百顷，百顷成为中共新会区委领导新会人民开展革命斗争的重要基地。8 月，中共地下党员陈能植来到荷塘乡，重建荷塘党支部，党组织在掌握和控制一定数量枪支的条件下，于 9 月建立了荷塘人民武装队伍。后中共新会区委派陈英、陈国荣、黎洪润等军事干部到荷塘，加强该队的领导力量，百顷乡、荷塘乡两地点燃星星之火，渐成燎原之势，后来更组建成新会独立团新生连、黎明连，成为解放江门、新会的生力军。在这期间，陈照薇真心支持革命，要钱给钱，要人给人，成为中共新会地下党组织、游击队的重点统战对象、依靠对象，可以说地下党组织当时所有工作都得到了陈照薇的大力支持。在这些共同进退、并肩作战的岁月中，"桃荫别墅主人"陈照薇成为共产党人的知心朋友、莫逆之交。

家乡解放前夕，陈照薇把自己在新会大鳌百顷兴建的桃荫别墅无偿提供给中共地下党组织使用。这幢别墅成为中共新会区委旧址，也是粤中纵队新会独立团新生连诞生地。新中国成立后，不少当年在莘隐中学、百顷小学求学，从事过地下活动，得到过陈照薇支持帮助和掩护的革命干部来到桃荫别墅参观，都会动情地回忆陈照薇先生对家乡革命事业的巨大贡献。

不仅如此，陈照薇先生还以身作则，鼓励和支持家人参加革命。

当年在大鳌百顷地区从事地下革命活动的粤中纵队独立团战士、新中国成立后担任广东省广播电视厅厅长的蔡辉在他的回忆文章中这样深情忆述："桃荫别墅主人陈照薇先生是新会当地著名的开明士绅、中国共产党的统战对象，也是陕北李鼎铭式具有革命色彩的人士。外海陈家一家九人中，六人直接参加革命，四人参加过抗日战争；陈照薇先生的四个儿子均是共产党员，分别参加了东江纵队、粤中纵队、粤赣湘边纵队；两个女儿是解放初期的新民主主义青年团员；当年南下大军到达之前，击败土匪武装，逼使国民党地方部队就此待命，率先解放和进驻江门、会城的粤中纵队新会独立团新生连就是在新会百顷组建和成长起来的；就在国民党据点江门市不远的百顷乡，陈照薇的桃荫别墅成了中共新会直属区委负责人曾国棠、邓强和机关的驻地；中共地下党负责同志在这里进行重大战役的策划、指挥；百顷学校有中国共产党的武装，桃荫别墅里面有地下党组织的油印刊物；我们的革命队伍在这里学政治、学军事、学文化；那时候，革命人员南来北往忙碌不停，俨然成为新会南部一个小延安。笔者当年是个毛头小子，在此浓厚的革命氛围中大受教益。还曾被指派随同一些老同志深入大沙田地区，开辟新区。往事历历，终生难忘。这些都与桃荫别墅主人陈照薇先生冒着极大风险、竭力掩护有关。"

"桃荫别墅主人"的"遗言"

家乡解放后，陈照薇作为地方开明士绅受到人民政府的尊重和礼遇。新中国成立后，陈照薇先后被推选为广东省第一届人民代表会议的代表，新会县第一、二、三届人民代表、候补常委。后来，叶剑英调离广东，广东的土改工作路线受到极"左"思想影响，陈照薇被错划为"恶霸地主"。虽身处逆境，但他面对莫须有的罪名时仍处之泰然。他在生命的最后时刻，依旧谱写感人故事。

新会解放初期与陈照薇交往密切、情谊深厚的新会独立团负责人曾国棠生前撰文回忆，1953 年秋天，他去新会看守所望探因为极"左"土改政策而无辜被捕、身系牢狱的陈照薇，陈照薇对他说出了一段类似"遗言"的心里话："我已经向共产党献出了两个儿子。我并没有青年人的冲动，我是深思熟虑之后拥护共产党的。我想我的身体可能支持不了多久，你将来见到我的亲属，对他们说我跟中国共产党走是至死不后悔的。我的问题相信总有一天党会搞清楚的。"赤子之心，可昭日月；家国情怀，山高海深。"桃荫别墅主人"陈照薇先生的"遗言"感人肺腑。

1954 年，陈照薇背负着"恶霸地主"的莫须有罪名含冤病死狱中。1986 年 7 月，陈照薇的冤案终于得到平反，新会县人民法院为他恢复广东省新会县人民代表的政治名誉。同年 12 月 5 日，家乡人民云集外海茶庵公园，专门举行了陈照薇平反座谈会。陈照薇生前好友、时任全国政协副主席雷洁琼亲笔致函陈照薇的儿子陈铁，信中表示："令尊恢复名誉隆重举行非常高兴。"新会籍旅港慈善家冯秉芬和香港五邑工商总会理事长陈孟纶、监事邓北泉、副理事长林保浓等港澳乡亲以及各界人士纷纷致函其家属表示慰问。其中，冯秉芬爵士在 1985 年 11 月写给陈照薇女儿陈宜颂的慰问信中，赞扬了陈照薇旅居香港期间，对香港教育文化事业贡献良多，誉称陈照薇"在港期间，成为一位兴学育才之功臣"。而新会独立团指战员、原新会大鳌百顷中共地下党组织负责人邓强这样评价陈照薇："有桃荫别墅主人才有桃荫别墅，无论是桃荫别墅主人还是桃荫别墅，当年均给予我们无私奉献和鼎力支持，特别是桃荫别墅主人陈照薇先生，留给我的印象是很深的，我认为他是那个时代新会地区李鼎铭式的人物，他解放前对我们在百顷、外海的工作是积极支持的，我们永远也不会忘记。"

参考资料

1. 中共新会市委党史办公室编：《中共新会党史资料汇编——新民主主义革命时期》，内部出版，1993 年。

2. 中共新会市委党史办公室编：《中共新会党史——新民主主义革命时期》，

中共党史出版社，1996年。

3. 广东省江门市地方志编纂委员会办公室编：《江门百年大事记（1854—1993年）》，广东人民出版社，1995年。

4. 黄柏军：《百年家国梦——抗日烈士陈冠时及其家族研究》，天马出版有限公司，2018年。

5. 陈宜颂编：《历史是人民写的——抗日英烈陈冠时资料图文集》，2017年。

6. 中共江门市委组织部、中共江门市委党史研究室编：《五邑红色记忆》，中共党史出版社，2019年。

7. 中共江门市委党史研究室编著：《中国共产党江门地方历史（第一卷）》，广东人民出版社，2008年。

林锵云：共产党员的榜样

◎林伟洪

　　林锵云（1894—1970），又名锟池、昌文，广东省新会罗坑镇下沙村大来里人。中国共产党优秀党员，工人运动的忠诚战士，珠江三角洲人民抗日斗争的坚强儿子，广东人民抗日游击队珠江纵队司令员。

　　林锵云在青年时就投身工人运动，1922 年和 1925 年先后参加了震惊世界的香港海员大罢工和省港大罢工。他积极寻找革命道路，1926 年 9 月经邓发、龚昌荣介绍加入了中国共产党。林锵云半生戎马生涯。抗日战争时期，他在珠江三角洲的南（海）番（禺）中（山）顺（德）地区进行抗日武装斗争，他在顺德组建的抗日游击队，数年间发展成为珠江纵队，他本人亦担任司令员一职。在林锵云等领导下的珠江纵队，狠狠打击了日伪军和国民党反动派，开辟和扩大了抗日根据地，在对敌斗争中巩固和发展了人民抗日武装部队。其间，林锵云曾多次来到新会荷塘，与荷塘人民一起，为抗日战争做了大量工作。新中国成立后，林锵云多次回新会视察。他关心家乡建设，给家乡人民留下了深刻印象。

林锵云[1]

---

① 本图来自罗坑镇下沙村林锵云故居展览室。

林锵云在荷塘与容忍之、容辛兄弟的情缘

1938 年至 1944 年，林锵云因部队工作需要，多次来到新会荷塘。在荷塘，他与当时中共荷塘支部书记、地下交通站的容忍之和容国瑞（笔名容辛，中共党员，容忍之弟弟）进行秘密的对敌斗争工作。因此，容氏兄弟俩有较多机会接触林锵云，并亲聆他的教益。这对容氏兄弟毕生坚定共产主义信念和为民族解放事业奋斗的决心起到很大的鼓舞作用。容氏兄弟每次见到林锵云都称呼他"林叔"，因为他们知道，林锵云虽为司令员，但从不摆架子，平易近人，和蔼可亲，所以部队干部、战士都尊敬他，喜欢接近他，叫他"林叔"倍感亲切。每次来荷塘，容忍之都请林锵云住在荷塘禾冈中心里家里，因为他家屋后是一座林木茂密的山丘，利于疏散和隐蔽。在容家，林锵云与容氏兄弟结下了牢固的革命友谊。

1938 年 10 月，顺德大良被日军侵占，林锵云对大良共产党工人支部的安全问题很关心，指示支部七位同志转移到新会荷塘来，安排住在容忍之家。一个星期后，林锵云亲自去往荷塘了解转移同志和容家的生活情况，当得知容家和地下交通站的困难后，便把身上仅有的零用钱都交给容家作补助。容不肯接，他一定要容收下才罢。1939 年，林锵云又一次路过荷塘，经过敌占区日、伪及"大天二"恶势力盘踞地方，由于可能被搜身，于是他将身上带的部队经费都交给容忍之保存。他说："这是公款，如果在途中被抢去就不好办，公款来之不易，一点也不能损失。"几天后，林锵云到荷塘取回公款，这令容忍之很感动。

1942 年初，林锵云只身从江门沦陷区经潮莲到荷塘。其时潮莲是日军密探与汉奸、国民党特务勾结起来控制的地区。他们在所有路口设立关卡，盘查群众，勒收过路钱，任意抢掠财物，污辱来往妇女，无恶不作。在这股地方团队的恶势力中有当地陈姓三兄弟，群众都叫他们"三虎"。陈家"三虎"是嫡亲兄弟，老大凭着霸气，自任乡长；老二是江门日军宪兵密探队队长，在江门开鸦片烟馆；老三是国民党西江别动队的小队长。那一次，林锵云到

荷塘找容忍之，指示他们开展党的统战工作，发动群众，争取团结进步力量，早日歼灭"三虎"，为民除害。经荷塘党支部与地下交通站利用各种关系，林锵云联合荷塘三良自卫队与中山海洲乡自卫中队（这些自卫队是抗日时期民族统一战线性质的群众武装团体），开始打击"三虎"恶势力。1943年1月至3月，荷塘三良自卫队与海洲乡自卫中队先后击毙了陈家"三虎"。清除"三虎"后，荷塘局势有了好转，在中共新会工委（工作委员会）的领导下，荷塘党支部积极发展党的地下组织，为抗战救亡运动做了大量工作，开创了荷塘对敌斗争新局面。这与林锵云的英明决策和具体指示分不开。

1944年9月，林锵云又来到荷塘。这次他化装成大商贩，大方自然地进入良村市的得源米店（荷塘地下交通站之一），容忍之（得源米店掌柜）当即接他上二楼。林锵云这次是为一项重要任务而来，即调查研究中区纵队挺进粤中的进军路线，并对地方作具体部署，特别指示地方组织船只和船工，协助纵队主力部队渡过西江挺进粤中。这次，林锵云需要事前深入了解、研判哪一条路线比较安全。经中山海洲过荷塘渡西江至棠下周郡，这是林锵云想选择的路线，他对这条路线本来是很熟悉的，可还要作深入的具体了解，考虑许多可能发生的意外情况和相应的对策等。

1944年10月初，容忍之交给容辛一个特殊任务，即由他陪同林锵云调查中区纵队主力部队挺进粤中能否走中山海洲过荷塘渡西江至棠下周郡的线路。吃过晚饭，容辛陪着林锵云，迎着绚丽晚霞走过田野小道，跨过河涌独木桥，眼前是一片寂静的秋野。林锵云凝视着破落的村庄，低声对容辛说："这个民不聊生的局面，我们终有一天要粉碎它！"他边说边加快脚步，亲自踏勘，并在当夜渡过荷塘往海洲这条江，赶去中山海洲，找海洲乡乡长袁世根（袁于1943年积极支持并派出乡自卫中队参加歼灭潮莲"三虎"行动，在海洲参加"抗日民主同盟"，还申请加入中国共产党，在家利用茅屋秘密印刷出版由容辛编写的宣传抗日的《持正报》）商谈如何在国民党控制地段让纵队部队迅速安全地通过。容辛陪林锵云在袁家堆放柴草的茅屋和袁世根长谈至深夜，第二天早上，他又要求亲自踏探从海洲到二顷围的路程。袁世根为保证林锵云的安全，在自卫中队挑选了一名既熟悉水陆道路又会划双桨小艇的青年队员，由容辛陪同林锵云，三人清晨乘小艇出发。他们经过所有河冲关卡的盘问时，都以"海洲乡公所的"回答，顺利到达目的地。林锵云不顾险阻，深入细致工作，密切联系群众，对革命事业负有高度责任心，令容辛、袁世根他们感动不已。

1944 年 10 月 20 日，林锵云和政治委员罗范群、副司令员谢立全、政治部主任刘田夫，率领机关和挺进粤中主力大队近五百人，从中山五桂山区抗日根据地出发，绕过石岐、小榄、九洲基，再经曹埗、二顷围，到达海洲。他们秘密通过这些地方日伪军、国民党军的封锁线，于傍晚时分从海洲渡过了江面较窄的西江支流，到达荷塘，星夜兼程，开赴塔岗渡口（塔岗渡口水面宽阔，渡口横向对岸宽千米以上，是荷塘到对面棠下周郡往高鹤、肇庆的主要水上交通渡口），横渡西江。

荷塘船工渡运中区纵队部队过西江

1944 年 10 月 20 日，晚上八时许，时值秋末冬初，天下起了蒙蒙细雨。塔岗渡口上游江面不时传来日军巡逻炮艇的声音，驻守在塔岗渡口附近的国民党武装大队队长李桂元（广阳守备区指挥部特务大队队长）还在鸦片烟床上吞云吐雾。其实，在珠江纵队部队渡江前期，林锵云已嘱咐容忍之等摸透了日军炮艇的活动规律和李桂元的驻守情况。其时，早已由容忍之、陈莹（荷塘三良自卫队班长、侦察参谋）、王江平（荷塘三良自卫队班长）事先安排船工李均平组织几十条小艇和船工在渡口等候，接应挺进粤中的中区纵队部队过江。当先头部队抵达渡口后，即由王江平带领其渡江，安全到对岸后，便亮手电筒三下，作为到达彼岸的信号。随后大队伍接踵而来，领队的是谢立全（谢立全是中共中央于 1940 年从延安派到林锵云部的军事干部，1941年 10 月，林锵云与谢立全指挥顺德西海战役，取得珠江敌后抗战中著名的

"西海大捷"）。当时江面传来机动船声，谢立全警惕起来，问李均平是不是日军巡逻艇的声音。李均平凭着经验，判定是日军的运输船声，离这里还很远。谢立全当机立断，指挥部队分乘几十条小船渡江。渡江的秩序非常良好，部队有几名女战士背着小孩，却全无啼哭声，江面一片寂静，只有划船时的水声。因渡江的船只是小艇，便分两三批渡江。最后全体战士顺利快速抵达对岸。

当时，渡江的船工有李均平、李胜华、李广润等。这几十名船工是不顾生命危险支援抗战部队过江的。他们常常目睹日军炮艇或在江面上耀武扬威，或上岸骚扰；还有驻守塔岗渡口的国民党特务大队队长李桂元的反动团队，也常常勒索群众，抢劫财物，还致来往客商遭殃。所以，在塔岗渡口周围至顺德西海一带，社会秩序混乱，广大群众十分恐慌，鸡犬不宁。在这艰难的岁月中，农民船工们懂得一个真道理：只有消灭日军、伪军和国民党反动分子，大家才能过上好日子。难怪在这次渡江前，谢立全问李均平："这支队伍要过江去打日寇，现在就要过江，你们敢不敢渡江？"李均平脱口而出："敢！只要打日军，就是冒死也值！"谢立全还热情地和李均平握手，询问其年岁和家庭情况。船工们积极协助队伍过江，配合行动十分顺利，受到林锵云的赞扬。

部队渡江后，群众议论说这支几百人的队伍经过时没有惊动群众，连鸡犬都不叫，军纪严明。翌日晚，国民党特务大队队长李桂元找到李均平问话："昨晚渡的是什么人？"李均平严守秘密回答："他们都是渡运烟叶的。"原来事前荷塘党支部的容忍之交代李均平，这次渡江任务就说是鹤山有一批烟叶要渡运。同时，容忍之还取得荷塘电话所女接线员刘志明的信任和帮助，让她设法在部队渡江时切断李桂元的电话线。当时，李桂元的手下曾向他报告，说有大批队伍渡江，也没有任何货物。李桂元急忙摇电话，打算向上报告，怎知电话失灵，摇来摇去就是接不通对方电话。第二天，他气急败坏地大骂总机的接线员："为什么昨晚电话接不通？你们搞什么鬼？"接线员刘志明说：

"没办法呀，大队长，总机太旧了，老到没有牙了啦，哪能不出问题呀？最好请大队长再换一套新机就好了，免得误事呀。"李桂元奈何不得，只好作罢。李桂元是国民党的顽固派分子，他与汉奸、伪军互相勾结，疯狂"反共"，破坏抗战，并抢劫群众财物，激起荷塘和海洲群众的极大愤怒。为了消灭这一奸贼，1945年春，袁世根派杨明部将他除去，为民除害。

林锵云率领中区纵队挺进粤中

林锵云等率领的中区纵队（1944年10月1日，广东省临委、广东军政委员会在五桂山区召开干部大会，宣布成立中区纵队，林锵云任司令员），在容忍之等人的协助下，在塔江渡口避过国民党军与日军的监视，秘密地巧渡西江。这支抗战队伍进入粤中的鹤山县宅梧和高明县更楼、合水等地，与当地的人民抗日武装新（会）鹤（山）大队会师。在以皂幕山、老香山为依托的根据地，开辟新会、鹤山、高明三县边境地区抗日游击区。

挺进粤中如此顺利，固然是中区纵队司令部集体的正确领导，以及沿途地方党统战工作的积极推动，但更令人敬佩的是林锵云对敌斗争经验丰富，在地方依靠人民群众，工作深入细致，把许多可能发生的情况都在事前了解清楚，作好研判，并精心策划，周密部署，作出正确的应对策略，真可谓"知己知彼，百战百胜"。

1945年1月，林锵云任广东人民抗日游击队珠江纵队司令员，梁嘉任政治委员，与兄弟部队东江纵队、琼崖独立纵队共同坚持华南敌后抗日战场。

抗日战争胜利后，1947年5月，林锵云担任两广纵队副政委。1948年8月，当选为全国总工会执行委员会常委兼组织部部长。

中华人民共和国成立后，林锵云历任中共中央华南分局常委、职工委员会第二书记、中共广东省委常委、广东省总工会主席等职。1950年，林锵云首任广东省劳动局局长。在国民经济刚刚恢复时期，广东各行各业的劳动就业与救济仍然是一个严重的问题。他提出劳动局的任务应以保护劳动来达到发展生产的目的，抓紧进行劳动就业以救济失业工作。省劳动局成立不久，他积极推动省政府发布不准无理解雇工人的命令。当时顺德县缫丝厂解雇90多名自梳女老工人，海员出身的林锵云对缫丝工人怀有深厚的阶级感情，关心她们的疾苦，专门派干部处理此事，并叮嘱说："自梳女从小就被资本家剥削，现在年老体弱，人民政府应该妥善安置她们。"后来这批老工人得到退休待遇，集体写信给省人民政府，感谢党和政府对她们的关怀。

1958年9月，林锵云当选广东省副省长。担任副省长期间，他主管民政和革命老区工作。当时有些老区存在"出门就爬坡，点灯靠松火，吃米用手磨"的落后现象，已年迈体弱的林锵云仍然爬山越岭，走遍老区的村村寨寨。他每到一地，就与群众亲切交谈，讲解形势，宣传政策，征求意见，研究解决群众的生产生活问题。

林锵云回新会视察

在20世纪60年代前后，林锵云多次回新会视察。1958年，林锵云回县视察工作。在繁忙的工作中，他没有忘记14年前荷塘交通站的容忍之、容辛兄弟，吩咐副县长甘伟光通知容家兄弟俩到县宾馆。第二天，容忍之、容辛依时来到宾馆，他们见到林锵云时依然高兴亲切地叫他"林叔"。林锵云同过去一样，平易可亲，风趣地说："看来，老容还未老，而小容已不小了。"

1964年，林锵云又回县视察，干部和群众十分高兴。为表达全县人民对他的敬意，县领导在圭峰招待所设便宴招待，但他叫随同的张秘书转告县接待工作人员，说他不是外宾，也不是客人，不要设宴，还说："你们千万不要铺张浪费，如果要花费招待，以后我就不回来了。"林锵云外出视察时都是轻装从简，从不兴师动众，他优良的思想作风给家乡人民留下深刻印象。

林锵云还回到老家罗坑下沙大来里找乡干部和乡亲座谈，征求意见。当他经过南联乡时，看到雁山脚他所熟悉的务本祠被拆毁，表示十分惋惜。他对陪行的乡亲们说："狮子祠堂是我们沙冈（包括石咀、南联、下沙）林氏宗亲纪念祖宗的古祠建筑，是一种文化，把它拆了多可惜！"当他听到石咀林氏家庙祠堂还存在时，当即对干部说："你们一定要保护好家庙祠堂，这是我们宗亲的根。"在下沙，他看到村边的秃头山，便对大家说，家乡要变青山绿水，就要大搞绿化，植树造林，防止水土流失，把农业搞上去。林锵云回县还视察了崖南农械厂、大有凉果厂、葵艺厂、圭峰劳动大学等。葵艺厂送给他一张葵席，他坚持要按价付款，还说："你们不收钱，我就不要了。"

  1965年，林锵云专程回到老家罗坑考察。这次他要求去三个地方——公社的交山林场、天湖龙门水库和下沙生产大队。当天，他在公社党委书记李平，社长钟庞超，公社干部阮礼、陈柏来以及公社政法公安部（其时由县公检法合并派出的机构）干事林佛恩等陪同下先去了交山林场和龙门水库。当时林锵云71岁了，仍然爬坡越岭，走遍了林场和水库。他要求交山林场种好竹子，还要多植树木。他观看龙门水库时，赞扬罗坑建了个大型水库，利农利民。他看到水库周围是大山，便对干部说，这片连绵高山是罗坑青山绿水的宝库，他强调："你们一定要搞好植树造林，保护好水库。"林锵云在天湖受到群众的热烈欢迎，有人称呼他林副省长，他却说："叫我'林叔'就行了。"他还风趣地说："我在顺德西海搞抗战时，大家都叫我'林叔'，到现在几十年了还叫我'林叔'，我喜欢被人叫'林叔'。"下午，林锵云来到老家下沙。在下沙，他参加了下沙生产大队的群众座谈会，特别关注群众生活，会上他首先问："现在社员有没有空着肚子去参加生产队劳动？"当时，下沙社员的口粮分配水平低，每天两顿确实还吃不饱。会上林锵云反复强调干部要切实关心群众疾苦，敢于如实反映情况，要讲老实话，做老实人。他和大家一起研究社员生产生活上的困难和解决办法。林锵云坚持实事求是的原则，表现了共产党关心人民群众利益的优良作风。座谈会结束时已是晚饭时间，陪同林锵云来下沙的公社干部陈柏来依照公社领导的嘱咐，请他到陈冲吃晚饭，林锵云坚持不去。他在下沙别野第五生产队队址吃群众煮的大锅饭（大铁锅是"大跃进"时社员集体吃食堂饭留下的）。这顿饭很随便，菜式简单，只是鱼和菜，群众知道林锵云喜欢吃水菜，就送来了石咀农民种的西洋菜。

林锵云在广州的家人有妻子张仕娥、大女儿林悦欢、二女儿林婉平，在下沙大来里的亲人只有侄女林纪仲和侄女婿林佛恩。侄女长期在家种田，但林锵云没有利用职权为她安排工作，或将其户口转为城市户口。林锵云对家人和亲属要求严格，他对侄女说："若你不种粮，人人都不种粮，谁来养活大家？"林锵云平时工作使用的公用小车，从不让家人随便乘坐，他的妻子和两个女儿也一直没有坐过。张仕娥犯关节炎走不了路去医院看病，林锵云雇请三轮车送她上医院。林锵云在 1965 年回乡后，就再也没有回过新会、回过老家。

在"文化大革命"期间，林锵云一家人遭受厄运，张仕娥在 1968 年被造反派迫害致死。1970 年 10 月 2 日，林锵云也被迫害去世。

林锵云故居和林锵云故居展览室

1979 年 12 月 12 日，中共广东省委、省人民政府在广州军区礼堂隆重举行追悼会，彻底平反林锵云的冤假错案，对他革命的一生作出了正确的评价。林锵云的一生，是为党的事业奋斗的一生。他不为名，不为利，高风亮节。他联系群众，平易近人，始终保持了一名共产党人的纯洁高尚的情操。林锵云虽然离开了我们，但他的名字和珠江纵队永远联系在一起。他那共产党员的崇高风范，永远值得人们传颂。

林锵云故居在下沙大来里，是一间极其普通的清代民宅建筑，面积不足 30 平方米。屋内家徒四壁，这不能不让人联想起林锵云这位革命长者，是清白地来，清白地去，真可谓"两袖清风在人间"。在故居门前上方，镶嵌的大理石石匾上刻着"林锵云同志故居"一行工整大字，庄严肃穆，令人起敬。就是这样一间十分普通的民宅，谁也没有预料到，会走出一位从事红色革命事业并受到人们尊敬爱戴的历史名人。虽然历史远去，但他的精神永存。

为了保护好林锵云故居这一重要史迹，2010 年，罗坑镇政府、下沙村委对林锵云故居进行全面维修。2014年，下沙村委投入资金，把原下沙大来里生产队队址翻新改造为"林锵云故居展览室"，展览室陈列介绍林锵云带领珠江三角洲人民抗日武装部队反抗日本侵略者事迹的书籍、图片等。

2014年，林锵云故居被评为新会区"爱国主义教育基地"。2016年12月，林锵云故居被评为"江门市中共党史教育基地"。2017年，林锵云故居被评为江门市文物保护单位。今天，在乡村振兴和精神文明建设中，林锵云的革命事迹必将成为激励后人爱国爱乡、振兴中华的鲜活教材！

林锵云家乡下沙新面貌

在林锵云的家乡下沙村，村委带领群众，积极响应国家"乡村振兴"的号召，学习林锵云的革命精神，传承红色基因，描绘新农村建设蓝图，打造乡村旅游精品路线，挖掘本土古迹文化资源，创新历史名胜景观，推进"红色＋生态""漫游＋体验"的旅游发展新模式，使下沙变成有"高颜值"新面貌的特色乡村。

人们若来到下沙，可以体味历史的悠久，感受文化的厚重，欣赏自然风光的秀美。这里有始建于唐代的道北寺，寺院建筑恢宏，风景优美怡人。这里有新建的下马里公园，是纪念林森公从福建莆田南渡在此下马定居的沙冈林氏发源地。下马里公园树木成荫，幽雅清新，鸟语花香，园内一侧有重建的北帝庙（始建于清代光绪六年，即1880年）和重建的舞龙山抗日炮台等景观。在下沙中心地带，新建起村委大楼和老人活动中心以及下沙中心公园。离村委大楼不远处，便是林锵云故居展览室和林锵云故居。再看村内修筑的水泥公路，四通八达，纵横交错，路面宽敞明亮，村村通行汽车。村内排排巷口房屋外墙粉刷一新，上面手绘出一幅幅宣传倡导爱国、美德、廉洁新风的壁画，使环境变得更加美观。在林锵云故居侧，一幅壁画上"抗战必胜"的字样，不禁引人沉思，虽然那个抗战年代已随历史长河渐渐远去，但别好了伤疤忘了痛。也许，这不正是让人们重温和弘扬林锵云的爱国爱乡精神吗？！

黄维康：曾受毛泽东同志亲切接见

◎黄柏军

六十多年前，新会籍在大连乡的志愿军老兵黄维康作为中国人民志愿军代表团成员之一，在北京中南海怀仁堂受到毛泽东、周恩来等中央领导同志的亲切接见，并集体合影留念。这张珍贵的合影被黄维康珍藏起来，至今保存完好。2021年5月，87岁的黄维康，委托其弟黄钊专程带着这张珍贵的历史照片回到家乡——江门市新会区崖门镇黄冲村，与父老乡亲一起分享关于照片的难忘记忆和感人故事。

毛泽东等中央领导同志接见志愿军代表团并合影

黄维康生于1934年12月，2021年已是87岁高龄，谈起当年的军旅生涯，他直言主要是受到父亲黄章晃爱国情怀的影响。黄章晃，早年旅居美国，后来回国定居，在家乡崖西镇黄冲圩开设寿星药局为乡亲服务，行医济世，救死扶伤。他由于医术精湛、医德高尚，在当地群众中广受赞誉，1949年前是崖西当地远近驰名的西医。1949年后黄章晃还以名医乡贤、爱国归侨的身份当选新会县首届政协委员。父亲作为爱国归侨的家国情怀深深影响着少年黄维康，他立志也要做一个品德高尚、受人尊重、对社会有所贡献的人。

1949年10月，广州解放了，当时黄维康还在广州上初中，再有半年就可以拿到毕业证书了。面对汹涌的革命洪流，黄维康毅然决定：跟着中国共产党走，当兵保家国。1950 年 1 月，黄维康报名参加了中国人民解放军。

初进军营的黄维康接受了两项任务：一是跟随大部队进驻守卫广东三灶岛机场（今珠海机场）；二是发挥知识分子的优势，在军队中担任文化教员，为新兵扫盲。1951 年 8 月，黄维康响应党"抗美援朝，保家卫国"的号召，再次报名参加了中国人民志愿军，成为军队文工团成员。同年 10 月，随中国人民志愿军十九兵团文工团开赴朝鲜前线。在朝鲜，黄维康主要是做前线部队的宣传发动工作。从 1951 年到 1953 年，志愿军的主力部队打到哪里，部队文工团的足迹就跟到哪里，文工团用励志的歌声与前线战士们同甘共苦，同呼吸共命运。1953 年 7 月 27 日，中美终于签订了停战协议，三年的抗美援朝战争宣告结束。回首当年朝鲜战场的军旅生涯，黄维康激动地说："我们虽然是志愿军文工团，但是同样时时刻刻与前线战士在一起，同样面临着飞机轰炸、枪林弹雨，但是我们没有一个人退缩怕死，没有一个人当逃兵。三年时间的浴血奋战、并肩作战，我们以自己的实际行动为祖国赢得荣誉和尊重，我们对得起'中国人民志愿军'这个名称。"

1953 年 10 月，黄维康被调到中国人民志愿军政治部文工团工作，直至 1958 年撤军回国。1958 年 10 月 26 日，中国人民志愿军完成了历史使命，撤出朝鲜，回到国内。屈指算来，黄维康作为中国人民志愿军政治部文工团成员，在朝鲜竟然足足工作了七年之久，所以他晚年的朝鲜战争回忆有着鲜明的"亲见、亲历、亲闻"的"三亲"特色，极具参考价值和史料价值，值得记录整理。

1958 年 10 月 29 日，毛泽东和其他中共中央领导人在中南海怀仁堂专门接见了撤军回国的中国人民志愿军归国代表团全体成员，并一起合影留念。黄维康作为代表团成员之一，也受到中央领导同志的亲切接见，亲身见证了这一历史时刻。根据黄维康本人指认，大合影中倒数第二排左起第八人就是他。

1959 年 10 月，黄维康在部队中继续发挥文工团资深工作者的培训特长和经验，被组织部门调到前哨文工团，担任演员兼教练员。1974 年 6 月，黄维康正式转业离开军队，被调往大连机床厂任职。就这样，从志愿军文工团到军队文艺教练员再转业到国企，黄维康前后共计 24 年的军旅生涯就此画上了圆满的句号。

黄维康：我们与毛泽东同志近距离接触

作为中国人民志愿军代表团成员之一，黄维康在 1958 年先后两次近距离接触毛泽东。第一次就是 1958 年 10 月 29 日，毛泽东和其他中共中央领导人在中南海怀仁堂专门接见了中国人民志愿军归国代表团全体成员并一起合影留念。第二次毛泽东与志愿军代表团的会面，则没有公开报道。虽然已经过去六十多年，但是黄维康对于 1958 年 10 月 29 日那个晚上的点点滴滴，毕生难忘，至今依然记忆犹新。

黄维康清楚地记得，那是 1958 年的 10 月 29 日，当天最后一批留守朝鲜的志愿军部队整体撤离回国。那天白天，毛泽东和其他中央领导人在中南海怀仁堂接见了中国人民志愿军归国代表团并合影留念。晚上，周恩来总理在北京饭店举行盛大酒会招待归国代表团全体成员。酒会正酣，黄维康等志愿军政治部文工团骨干成员被有关领导叫到一旁，说要去接受新任务。

于是，他们乘车到中南海的一座礼堂。文工团负责人告诉他们，中央有关领导稍后将要在这儿接见中国人民志愿军归国军人代表，并叮嘱：过一会儿，不管出来的是哪位首长，不管见到谁，大家都要表现得随意、轻松，不要紧张，跟平常一样就可以了。他还说：今天的接见活动有个规定：大家不要欢呼，不要喊口号，不要围观，不要搞签字，不单独照相。文工团负责人还特别叮嘱女同志，可以邀请中央首长跳舞，但每人只可跳三圈。因为这次接见时间不会太长，要适可而止。

不一会儿，毛泽东率先出来了。那天，他身穿便服，神采飞扬，显得格外随和、亲切。毛泽东来到志愿者代表团成员中间，向从朝鲜归来的战士们嘘寒问暖，有说有笑，既有长者的关怀，又有亲人的嘱托，令这些常年驻守朝鲜的战士们感受到祖国亲人的关怀。大家不禁眼睛湿润，心感温暖。

毛泽东这一次接见志愿军代表团成员的时间并不长，志愿军战士虽然感到意犹未尽，但是想到他夜间还要工作，不能太累，只好一步三回头，依依不舍地挥手道别。黄维康回忆，这次会见是一班志愿军战士与毛泽东最近距离的会见，志愿军代表团一传十、十传百，一班年轻战士奔走相告，深感骄傲与自豪，都将这次会面视为军旅生涯中最值得纪念的历史性时刻。当夜参加接见大会的志愿军代表团成员无比兴奋，无人入睡。

黄维康向家乡捐赠珍贵大合照

由于这张历史老照片，笔者因此与黄维康有过面对面的采访交流。笔者也是崖门镇黄冲村人，与黄老同村同姓，是黄老的同乡后辈。家乡群众中一直流传着黄老早年受到毛泽东同志亲切接见的故事，故而笔者一直希望能面对面采访他，听他亲口说说这次历史事件的前因后果。后来终于有了机会：2017年6月，笔者专程前往大连采访黄老，得到老人及其家人的热情接待。在黄老家中，他向笔者展示了他多年来珍藏的抗美援朝奖章、纪念章及在朝鲜拍摄的黑白照片和军人转业证等，尤其难得的是客厅当中悬挂的那张标志性的老照片——中国人民志愿军代表团成员在北京中南海怀仁堂受到毛泽东、周恩来等中央领导同志亲切接见。

在采访中，黄老身体硬朗、思路清晰，对六十多年前的往事仍记忆深刻，娓娓道来。他详细讲述了当年离开羊城校园，投笔从戎，参加抗美援朝的军旅生涯与人生经历。黄老虽然远在东北，但是对家乡的一切事物均感兴趣，对桑梓风情一往情深，更用一口流利的家乡话（新会崖西方言）与笔者进行长时间的亲切交谈。采访回来后，笔者根据黄老的"三亲"经历和回忆，撰写了《我曾受到毛主席亲切接见》一文，发表于《江门日报》（2017年6月9日），并随文章公开发表了这张珍贵的历史照片。文章发表后，在江门五邑地区的读者中引起强烈反响，江门市一些部门专门联系笔者，希望可以联系黄老做进一步采访，更希望可以收藏这张老照片，以作为抗美援朝时期的历史文献专题资料。后来笔者把这份《江门日报》快递给黄老，老人家收到剪报后非常高兴，专程来电，向笔者表示衷心感谢。当笔者向他转达了家乡有关部门希望可以收藏这张老照片的请求时，黄老非常热情，一口答应下来。后来他吩咐自己的儿子，把这张大合影扫描复制出三张一比一的照片，寄回给笔者，笔者又把这些照片一一送到江门市图书馆等部门。后来，收到照片捐赠的部门给黄老送上捐赠证书，以资留念。

夏北浩：屡受表彰的机械师尖兵[①]

◎张与冲

　　夏北浩（1938—1988），新会区双水镇邦龙村委会接龙村人。他于1957年应征入伍，次年毕业于空军航空学校机械班，1960年9月加入中国共产党。其历任空军某部机械师副中队长、团机务大队长、副团长、师副参谋长、师机务处主任，中共九大、十大代表，参加空军第四届和第五届党代表大会，并当选党委委员。

　　1962年8月，夏北浩在维护飞机工作中，善于摸索规律，认真学习、钻研《飞机统一检查条例》，总结出一整套检查飞机路线化、操作实行程序化并渐变防突变的维修方法。1964年3月，经某军区空军党委批准，该方法被正式命名为"夏北浩检查法"。同年9月，夏北浩被空军党委授予"机械师尖兵"荣誉称号。1968年6月，参加空军第二次学习毛著积极分子表彰大会，受到毛主席等党和国家领导人的接见。1969年4月，当选中国共产党第九次全国人民代表大会代表。1973年8月，当选中

夏北浩

---

① 本文图片来自笔者拍摄的双水党校《夏北浩同志事迹展览》。

国共产党第十次全国人民代表大会代表。1978 年 9 月，被空军党委评为"雷锋式干部"。

纵观夏北浩一生，是奋斗的一生，创造的一生，光辉的一生。他的成就，源于对党感恩、报恩的良心，爱国敬业、认真负责的丹心，刻苦钻研、精益求精的恒心。他走过的路，最具指引性、启迪性。夏北浩实是一座光芒四射的灯塔，强烈喷射出指引人们前进的正能量。

梅花香自苦寒来

1938 年 5 月 2 日，新会七区富路乡接龙里一户贫寒的农户诞下一个男婴，取名夏北浩。父亲夏远汉、母亲林顺均是老实的贫苦农民，主要生活来源是帮地主打工。一家六口已度日艰难，如今又添一口，境况简直是雪上加霜。为了生计，他们忍气吞声，受尽地主阶级的压迫剥削。日军侵华，无恶不作，奸淫掳掠，杀人放火，抢财物、拉人夫，到处鸡犬不宁。日军为非作歹的消息也传到接龙村。邻村沙富白砂坦，有几个日本兵，让一男童站着，一刀砍去，头掉下地，颈上的鲜血向上喷射一丈多高，日本兵则在大喊大笑。日本兵入侵基背村，在镇北楼附近残杀村民六人，把他们的手脚捆绑住，平放于铁蒺藜上，压上石块。可怜那六位村民，在痛苦中呻吟挣扎了数天数夜才极度痛苦地死去，见者伤心，闻者流泪。也是在基背村，一日本兵于光天化日之下，动手调戏一寡妇张节娘，她宁死不从，被鬼子用军刀当场斩死。人们一听到有关日本兵下村的消息，就四处逃避，有的走深山，有的逃别处。但夏北浩一家，儿女幼小，加上上了年纪的奶奶行走不便，只能钻进村尾密树林中。一到天黑，成群的蚊子蜂拥而来，直往人们身上狂叮，使人痛痒难耐。母亲见到幼小的夏北浩脸上、手脚都出现红肿的斑块，赶紧把他抱在怀中。少年时的夏北浩，被日本强盗的残酷横行激发出不共戴天的民族深仇。1942—1943 年，双水地区出现霍乱，一旦感染，三两天便会死去，国民党政府不管老百姓死活，置之不理。同时又出现大粮荒，米价一日三涨，1943

年4月大米每百斤由原来1 400元法币涨到3 200元。不良地主米贩哄抬米价，囤积居奇，导致更多人死去。接龙村的人以挖野菜、摘树叶充饥，有不少人病死饿死，邻近沙路圩、沙富圩，地上横七竖八躺满了死人，因又饿又病，人们想到圩上求生，最后绝望地死在路旁。离四公里远的塘河西村育婴院，人们以为是慈善机构，在家里无米落锅的情况下，想不至全家饿死，便把小孩送往那里去。谁知，育婴院那里也解决不了饿病问题，死亡更惨重。人们见到"五索佬"（殡葬死人的工人）一日几次用摊箩装载小儿尸体，担去埋葬。有史记载，在这个兵荒、瘟疫、粮荒的恶劣境况下，新会县死亡四万多人。夏北浩的父亲、奶奶和两个姐姐相继病死或饿死，兄长夏元力为逃避被日军抓人夫，远走他乡。年仅五岁的夏北浩与母亲相依为命，以挖野菜、捉蟛蜞鱼虾为生，到八岁时，母亲和他去给地主家做农活。童年的夏北浩饱受旧社会的苦难，尝尽辛酸。

一声春雷响，1949年，英明的毛主席、共产党推翻了"三座大山"，迎来了新中国。夏北浩家乡也解放了，他和乡亲们一起迎来了新生活，翻身做主人，分到了三亩土地和胜利果实。正值上学年龄的夏北浩，进入办于长流井的沙路小学读书。他尝尽旧社会的辛酸，倍感今天幸福生活之难得，因而十分珍惜大好时光。依时上学，留心听老师讲课，学习成绩保持优良，深受老师、同学们的好评，多次当上班干部，在六年级时还当选年级学生会主席。毕业后，以优异成绩考入天亭二中。在整个初中阶段，各科成绩也在班级中名列前茅。1956年，夏北浩被吸收到沙富供销社工作，由于他工作认真负责，服务态度好，对同志和群众无限热情，深受领导和本地村民的赞扬。1955年1月，梦寐以求参军保卫祖国的他，如愿以偿接到了入伍通知书，成为一名中国人民解放军空军战士。1957年3月，夏北浩进入四川成都原空军第十三航空学校学习。在学习中，起初遇到不少困难，如听不懂普通话，不理解老师在课堂表述的"空气""动力""公式""定律"等名词术语。初时他心急，班长陈俱旺看出了他的心思，鼓励他下决心克服困难。自此，夏北浩把班长和能听懂普通话的广东籍同学当作老师和翻译，课后三番五次找他们给自己补课。为克服接受能力差、所学的东西难记这一点，他以勤补拙，早起晚睡，节假日也不休息。在航校学习的半年里，他抓紧时间学习，从未去过离航校不远的名胜古迹望江公园和杜甫草堂。凭着一股刻苦精神，1957 年 5 月夏北浩以全部功课满分的成绩完成航校的学习任务，顺利毕业。

1959 年 10 月，夏北浩被分配到原空一师当机械员。他到了那里，看到一架架崭新的飞机，十分欣喜，想到自己将要亲自维护保卫祖国领空的战鹰，真正为国出力，那种责任感和幸福感难以形容。工作中，他又遇到了新难题：航校教材学习的是米格 15 比斯飞机，而到部队后不久就换装了当时最先进的歼-6 飞机。为了尽快胜任工作，夏北浩抓紧一切时间学习，其间只请假外出两次—— 一次是买钢笔，另一次是到新华书店买《毛泽东选集》。他深谙天道酬勤的道理，在工作中虚心向老机械师、机械员学习，功夫不负有心人，夏北浩很快成了一名技术熟练的机务人员。在当机械员期间，夏北浩先后维护过八架飞机，同几名机械师一起工作，从未出现人为差错，多次排除故障隐患，年年被评为"五好战士"，连续三年荣立三等功。

1960 年 9 月 5 日，夏北浩加入中国共产党。他常告诫自己："共产党让我重获新生，还培养我这穷孩子掌握维护飞机的技术，共产党对我恩重如山，我要时刻按党员标准要求

1964 年，夏北浩被空军党委授予"机械师尖兵"荣誉称号

自己，争取做一个思想上真正入党的共产党员，才不辜负组织的培养。"那时，夏北浩他们维护的歼-6飞机，是世界上较为先进的飞机，因结构比较复杂、机务维护经验不足而遇到了不少问题，此时部队一度流传着这样的话："歼-6飞机速度快、振动大，发动机温度高，出点问题是难免的。"但夏北浩不那样认为，他说："飞机是死的，人是活的。"1962年6月，夏北浩升为机械师，他深感责任重大，一心扑在飞机上，埋头苦干、细心钻研，发现某个故障时不再是排除算了，而是一遍又一遍地研究，弄清原因，并把解决问题的过程记录下来。在摸索的同时，注意吸取别人的经验教训，反复试验，不断积累，就这样总结出一百三十三条维护经验。为了落实《飞机统一检查条例》，夏北浩身上随时带着"条例"，有空就学。飞行前检查的一百四十多条内容和一百多条数据，夏北浩都熟记熟用，随问随答。为了摸索全面迅速的检查飞机的方法，夏北浩把条例内容顺序作了调整，重新编组，还把内容连成串，按路线去检查飞机，形成一整套有效的检查飞机的方法。在他当机械师的三年里，先后维护过十二架飞机，使用以上检查方法，从未因维护不周而影响飞行。消灭了"丢""错""漏""损"现象，他维护的飞机月月被评为"四无"（无故障、无缺陷、无外来物、无锈蚀油垢）飞机，他所在的机组被领导誉为"过得硬机组"。机务人员深有体会地说："故障怕过夏北浩的关。"飞行员也高度赞扬说："夏北浩维修的飞机，看起来顺心，飞起来放心。"

60年代，中苏关系恶化。为加强首都北部的防空，1967年党中央在内蒙古赤峰地区修建机场及飞机洞库。夏北浩所在的机务一中队进驻赤峰。那时赤峰的自然条件十分恶劣：一是气温低，冷天常在零下三十多度；二是风尘大，出门一阵子便成了泥人。正应了那句俗语：赤峰苦，每天要吃三两土；赤峰难，气候严寒冷坏人。艰苦的环境并没有动摇夏北浩对党忠诚的意志，他和战友们开始了艰苦奋斗的历程。在那段时间里，夏北浩先后担任副中队长、中队长、机务大队长、机务副团长等职务。走上领导岗位的夏北浩，仍然做到身不离机场，心不离飞机，手不离维修工具。虽在团部有独立的住所和办公室，但他经常住在机务大队，和机务人员"三同"——同住、同吃、同劳动。工作中保持"三勤"：首先是勤干，只要有机会，他就跑到飞机上检查路线，摸清每架飞机的详细情况；二是勤记，把全团飞机的详细情况、基本数据记在自己的资料本上；三是勤问，及时询问飞行员有关飞机的飞行情况以及飞行前后的问题。夏北浩一心扑到机务一线，对家里照顾少之又少。从 1973 年爱人许执限随军生活到他 1983 年病休的十年间，从没有回家与妻子、女儿同过新年。

宝剑锋从磨砺出

夏北浩有句口头禅：游游逛逛学不了科学，舒舒服服掌握不了技术。他勤奋务实，刻苦钻研，善于"解剖麻雀"，发现问题，必跟踪到底。1976 年冬季的一个飞行日，有飞行员反映他驾驶的飞机一个起落架在收起时好像慢了一点。夏北浩随即找到该飞机的机械师一起检查，结果没发现问题。但他不放心，请示组织试飞，迎着刺骨寒风，站在跑道旁边，用望远镜仔细观察飞起的飞机，看到起落架在空中收架时明显慢了。夏北浩马上再对着飞机进行检查，终于弄清了是一个螺栓缺润滑油长期磨损变形所致，这是维护规程中没有提及的一个死角。接着他把全部机械师召集到现场，传授了发现和排除这一故障的经验，大家按照这一方法对所有飞机进行普查，结果发现有几架飞机存有同样故障。他们及时作了排除，消灭了隐患。"夏北浩检查法"是夏北浩长期刻苦钻研的结晶，也是广大机务人员崇高职业道德和优良维护作风的集体体现。

1963 年 10 月，原空一师机务处组织了以夏北浩为主的多名技术骨干的机组办学，研讨、推广尚未成熟的"夏北浩检查法"。1964 年 3 月、6 月，原某军区空军先后在空一师召开学习和推广"夏北浩检查法"现场会，形成了以"三三、四四、两化、三要"为主要内容的"夏北浩检查法"，并确定在全空军中推广。后来，空军司令部、政治部、工程部联合发出《关于立即掀起学习"夏北浩检查法"热潮的通知》，"夏北浩检查法"随即传遍所有的航空兵部队。

"夏北浩检查法"的内容分六大项。第一项内容是"三负责"，即对战斗取胜负责，对战友安全负责，对国家财产负责。这个"三负责"是崇高的思想境界。飞机升空作战，部件不能有隐患，性能良好才能发挥作用，胜仗才有把握。航空维修与其他行业明显不同，一手托着国家财产，一手托着战友生命。国家培养一名飞行员，所需费用是天价，有人形容飞行员是用等身的黄金培养出来。飞机是现代科学的技术结晶，价值十分昂贵，加上航材、航油、武器，其价值动辄上亿元，甚至几亿元。如果工作不负责任或偶尔疏忽导致飞行事故，国家财产毁于一旦，战友的生命也将受到严重的威胁。夏北浩常告诫自己，机务人员应始终保有高度的责任心、事业感，一丝不苟，确保不发生差错，不留隐患，才能为飞行安全和战斗胜利提供可靠保证。第二项内容是"三想"：一想是工作前，想到上级的规定和要求；二想是工作中，想到方法和步骤；三想是工作后，想想工作过程中有没有遗漏。第三项内容是"四到"，即在检查过程中：该用眼睛看的必须看到；该用手摸到的必须摸到；该用耳朵听到的必须听到；该用鼻子闻到的必须闻到。第四项内容是"四个一样"，即在检查工作过程中，领导在不在场工作一样；冷天、热天及一般气候工作一样；飞机没有事故和有事故，维护工作一样看待；飞行结束早及晚，检查工作一样认真进行。第五项内容是"两化"，就是检查飞机路线化，操作实行程序化。第六项内容是"三要"，具体是：一要积累经验，摸索规律，掌握渐变防突变；二要做好经常性的维护保养工作；三要对飞机了如指掌。

"夏北浩检查法"中的"三想""四到""四个一样"，其核心就是维护作风问题，这一点他是有过深刻教训的。1958年10月的一个飞行日，夏北浩给飞机加油后，没有拧紧油箱盖，结果车油冒了一地。他十分痛心，进行了深刻反思，认为根源是不够认真负责，没有把上级规定和要求记在心上，加油后没有好好想一想有没有漏洞。此后，他接受教训，给自己在工作中实行那"三想"规矩，一直坚持，从不懈怠。

"夏北浩检查法"是科学的工作方法，具体是：检查路线化，操作程序化，既保证了条例内容不漏项，又能及时发现问题，省时省力，高效有序。如检查歼-6飞机，"夏北浩检查法"按飞机结构分为机身前部、右机翼、机身后部、左机翼、左发动机、右发动机、座舱。对这七个部件，制定七条小路线。每个部位又以机件最密、检查内容最多的地方为集中点，绘出小路线，把所有机件都串在路线上。比如发动机舱内空间小、系统复杂，机件交叉重叠，机件论堆去看，一看一大片。夏北浩制定了反"巨"字形小路线，这样，检查起来就方便了，如同顺着瓜藤摸瓜，一个不漏。他还根据每个机件的结构特点来安排它的检查程序。如检查前轮，他是按右边由里到外、一点五圈，左边由外到里、五圈一点的程序进行的。

工作中，夏北浩总是全神贯注，在飞机上这儿摸摸，那儿看看，注意每个机件的变化，特别是容易出问题的部件。所有部件他都记得清清楚楚，并记录在自己的小本上。他可以根据飞机机件的特征、性能和参数的变化，观察其内部变化的预兆，就能提前发现将要发生的问题，防止突变。

"夏北浩检查法"迅速得到了空军部队乃至其他兵种航空机务系统的广泛认可，对培养优秀机务人员、提高飞机维修质量、促进战斗力成长、推动航空维修事业发展发挥了巨大作用。自从1978年全面推广学习"夏北浩检查法"后，十年间部队飞行事故万时率降至历史最低，并趋于稳定。

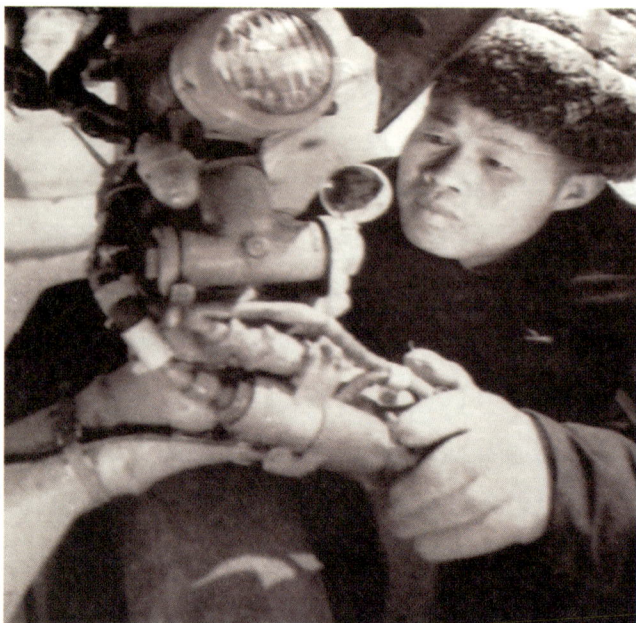

夏北浩维护飞机中

业绩不朽，精神永存

夏北浩离开我们已经三十多年了，但他业绩不朽，精神永在。他终身践行的"三负责"精神，始终闪耀着时代的光芒。

1980年1月，夏北浩在四川成都参加歼-7飞机改装学习，血压高加上操劳过度，导致脑出血入院治疗。时任空军司令员张廷发看了夏北浩的病情报告后指示："嘱其安心治疗，争取早日痊愈。"空军领导机关用飞机送去了急需药品。成都空军部队领导和空一师领导都先后到医院看望他。手术治疗挽救了生命，但夏北浩却因脑神经严重损伤，只能在家休养。他虽然离开了心爱的机务岗位，但仍然心系机务工作，每天坚持读书看报，忍痛做广播操以康复。一次，一架飞机空中操作失灵，多亏飞行员沉着勇敢，才驾机安全着陆。一查原因，是机务人员在更换液压助力器时，没有打螺帽开口销，螺杆脱落造成左水平尾翼操纵失灵。夏北浩听到此消息后，一连几天帮助分析原因，当得知他的判断和调查结果一致时，他显得十分激动，也为机务人员工作马虎而遗憾摇头。

1988 年 1 月 16 日，夏北浩因脑出血复发，医治无效逝世，享年 50 岁。这位忠诚战士，为党为人民奉献拼搏到生命的尽头。

1990 年，空军党委下发《关于加强空军机务人员队伍建设决定》，号召向夏北浩学习。1991 年，原某军区空军党委也专门制定下发了《关于深入开展学习夏北浩活动的决定》。1996 年 7 月，空装机关组织了由优秀机务人员和先进机务工作单位代表组成的弘扬夏北浩精神宣讲团，历时一个半月，到空军航空兵部队和训练团作巡回报告。2010 年，夏北浩"三负责"精神被确定为空军装备文化核心价值理念。2014 年，空军党委作出了《关于大力推进航空机务人员队伍建设，切实加强一线维护力量，提高一手工作质量的决定》。2009 年新中国成立 60 周年之际，夏北浩被党中央、中央军委评为 100 位新中国成立后国防和军队建设模范人物之一。

2007 年，空军党委授予机务三中队"夏北浩模范机务中队"荣誉称号。夏北浩是机务三中队的首任中队长，机务三中队始终将夏北浩精神根植于灵魂，融入实践，多次被空军评为先进基层单位标兵、最佳航空机务工作单位、先进党支部。机务三中队尽管主官换了一任又一任，官兵换了一茬又一茬，但弘扬夏北浩精神的行为始终没有间断，把发扬夏北浩"三负责"精神贯穿于中队的全面建设之中，红色基因传承下去，永恒的丰碑启迪着新征程中国的英雄儿女。

李向桦：忠诚于党、坚守初心

◎口述：李长丰
◎整理：张锡振

满腔热血，精忠报国

年轻时期的李向桦，满腔热血，精忠报国。

"七七事变"后，抗日战争全面爆发。平津危急，华北危急，中华民族到了最危险的时刻，抗日救国运动席卷全国。1938年，年仅13岁的李雨润（李向桦原名），凭着一腔爱国热情毅然参加新会少年团，背井离乡，在西海天亭边学习边军训。当时新会全县原有七百人参加。

据《中共新会党史》记载，1938年10月，日军攻陷广州，江门、新会两地局势十分紧张。中共新会区工委为进一步发展青年运动，参照广东青年抗日先锋队（简称"抗先"）的做法，加强统一战线，以新会青年暑期训练营营友会为基础，扩大到其他青年救亡团体的成员，于1938年11月12日成立广东青年抗日先锋队新会县队部，推举国民党县党部特派员李淞浦任队长、中共新会组织负责青年运动的李海任副队长。这是一个全县性的青年抗日组织，也是全省"抗先"的一个地方组织。在县队部工作的骨干，基本是中共会城学生支部成员。"抗先"县队部设立新会少年团，由共产党员陈云英任团长。随后，在党组织的领导下，全县各地纷纷成立"抗先"组织。江门成立了"抗先"独立中队，其成员除学生、教师外，还有工人和店员。大园、荷塘、龙泉、旺冲、田金等乡村也建立了"抗先"组织。至年底，全县"抗先"队员有七百多人，是当时人数最多、分布最广、影响最大的进步青年团体。

抗战时，一股日军袭击了集中在四坑（龙泉东成村对面的深湾四坑）的游击队，这场战役打得很激烈。当时正值农历五月初一，龙泉村家家户户都裹粽（包粽子）。就在这个时候，李雨润组织龙泉的青年到各家各户募捐粽子，把募捐起来的粽子都送给游击队。他们冒着炮火，过深湾渡，把粽子送到游击队手中。[①]

由于当时社会动荡不安，抗先队学员或因受不了艰苦的训练，或因父母催促，或因特殊原因，先后离开了队伍。李雨润也因家庭情况复杂离开队伍，前往增城孤儿院求学。他刻苦学习，虚心向学，为人正直，受到领导的赞赏和认可，并得到中共地下党的培养。在中共地下党的精心培养下，他关心国家的前途命运，关心中华民族的存亡，思想不断进步，矢志寻求真理，立志为救国救民而努力，积极投身到抗日救亡运动中去。

1942年，17岁的李雨润学有所成，有志气有信心，便和几位知心的同学通过敌人的封锁线，前往惠阳，改名李向桦，毅然加入了东江纵队，参与游击战。他还积极以出墙报、演话剧、开读报会、教唱抗日歌曲等形式宣传抗日救亡活动。因工作积极认真，不怕辛苦，做任何事都是身先士卒，任劳任怨，李向桦不久便在惠州加入了中国共产党。他当年的直接领导是刘明（江门市委原书记刘海的父亲）。

在抗日战争最艰难的时期，李向桦（在惠州一直使用此名）响应党的号召，服从党组织的安排，被派驻到香港做地下党工作。当时地下党工作都是单线联系，而李向桦的单线联系人是吕平（惠阳市组织部离休干部）。香港沦陷后，他根据党的指示，在八路军驻港办事处潘柱的领导下，执行党的行

---

① 据李向桦的战友赖重生回忆。赖重生，原中山市港务局局长，已离休。2019年去世，享年95岁。

动方案，参与营救困留在香港的文化界著名人士和爱国民主人士，并带他们秘密离开虎口，安全转移到宝安、惠阳游击区。当时，李向桦和一位女战友以香港大学生男女朋友的身份作为掩护，参与了这场营救。在转移过程中，为保护转移对象，女战友在与敌人驳火中不幸中弹牺牲。

时代背景

1941年12月8日，太平洋战争爆发的当天，日本侵略者发动了对香港的进攻，在飞机和大炮的掩护下兵分三路越过深圳河，侵犯九龙半岛。18天后，英军弹尽粮绝战败，香港沦陷，一直散居在香港的200多名中国文化人士及民主人士，如柳亚子、邹韬奋、茅盾、夏衍、高士其等成为日军的打击对象。面对这种危急的情形，时任中共中央南方局书记周恩来十分焦急，立即下达营救指示。于是，中共南粤省委、东江纵队及中共香港市委在八路军驻港办事处的组织下，展开了一场惊心动魄的秘密大营救。[①]

"从群众中来，到群众中去"是中国共产党的根本工作路线，李向桦在惠阳游击区与吕平等同志一起动员群众参加抗战，组织人民抗日武装，培养抗日骨干，发展党员，壮大党组织。

身处逆境，忠诚于党

解放战争时期，李向桦和战友们根据党的指示，参加武装斗争和地方建政工作。在长期的革命斗争中，他忠于党，热爱祖国，不顾个人生死，视民族安全为己任，经受住各种严峻的考验。

新中国成立后，李向桦担任惠州市潼湖区党委宣传委员，战友吕平担任潼湖区区长。解放战争后，中国进行一系列土地改革，但在1953年的土改

---

① 参考《中共实施香港大营救内幕》，http://m2.people.cn/r/MV8xXzMxMDg0NTk0OTcQwOTExN18xNTU3ODlxNzU0。

整队时，由于受当时"左"倾主义思想的影响，李向桦因曾参加香港地下党工作的历史问题，被定为"敌嫌分子"送有关部门审查，最后的结果便是开除出队，遣送回原籍新会睦洲，下乡当农民，即回龙泉老家种田。当年的他，正值 28 岁的大好年华，正是要发挥自己的智慧和才干为新中国建设献一份力量的时候，却身处逆境，受尽歧视和屈辱，蒙受可怕的罪名。

李向桦虽遭此一劫，蒙受不白之冤，但他没有因此一蹶不振，自暴自弃。他接受现实，依然忠诚于党。

久经考验，坚守信念

李向桦回到新会睦洲龙泉老家后，便重新用起当初在家乡时的名字——李雨润。

李雨润在少年时期便离开家门，从未做过田土工作，对耕田一窍不通。但生产队队长李福祥照顾他，安排他看牛。生产队工分分配很低，每个劳动日只得三角钱，而看牛是轻工，李雨润每天只得七分钱，也只能养活自己。因是被遣送回来的，难免受歧视和猜疑，即使是亲朋好友，他也不敢贸然去拜访和接近，怕连累他们。因此，他选择独居，但生产队干部和社员对李雨润的下放甚感同情，经常给予关心和照顾。

李雨润生活得孤独而繁忙，每天天还未亮便要起床喂牛、煮饭，饭后去割牛草，在农忙时又要喂夜草。看牛虽然是轻工，但工作时间长，然而李雨润始终做好自己分内之事，从不计较个人得失，也从不跟别人解释或谈起自己的过去，默默无闻、任劳任怨地在生产队劳动了二十多年。苦难没有磨去信念，他仍相信党，坚持党的信念不动摇，苦苦盼望澄清是非、重归革命队伍的一天。

直到 1973 年，刘明当时任佛山一个路线教育工作组组长，被派驻到大鳌镇开展路线教育工作。其中新会县计划局领导张国荣是工作组成员之一，是龙泉老李围仔人。刘明在工作之余与张国荣拉家常，讲到参加革命时，刘明问："我有个战友名叫李向桦，他和你同乡，是新会睦洲龙泉人，他受处分后回家务农，不知你是否认识？"张国荣说："李向桦？我们村没有叫李向桦的人，受处分后回家务农的确实有一人，他名叫李雨润，此人就在我农村生产队，不知道是不是你要找的那位李向桦，待我回去问问！"因此，刘明便托张国荣回龙泉寻找战友李向桦。

张国荣回睦洲龙泉，将与刘明的一番谈话及委托告诉了李雨润，得知刘明要找的战友李向桦就是李雨润后，他便引领李雨润到大鳌与刘明相见。随后，在刘明的安排下，李雨润逐渐与其他战友会面。

1978年12月中国共产党第十一届三中全会的召开，是新中国成立以来共产党历史上具有深刻意义的伟大转折。党的十一届三中全会指出，解决历史遗留问题必须遵循邓小平同志一贯倡导的实事求是、有错必纠的原则，只有坚决地平反假案，纠正错案，昭雪冤案，才能巩固党和人民的团结，维护党的执政威信。因此，对过去那些无辜被整，特别是已报清除出队的同志，要认真对待。李雨润在十一届三中全会的精神指引下和老战友的帮助下，终于得到平反，恢复了党籍，官复原职，被安排到惠阳市财政局工作。

回到惠阳工作的李雨润，便用回参加革命时的名字——李向桦。他生活简朴，工作积极，廉洁奉公，恪尽职守，脚踏实地地做好本职工作，得到单位的肯定，直至离休。

李向桦经受住了党的艰苦考验，始终保持作为一名共产党员应有的本色，党性觉悟高，久经考验，不忘初心。

2016年李向桦去世，享年91岁。

鲁华玉：参加核爆试验的新会人

◎口述：鲁华玉

◎整理：吴焕根　赵汝重

1995 年 10 月 6 日，是鲁华玉永远难忘的日子。

历史的镜头在那天上午 10 点半定格，深秋的北京天朗气清，阳光和煦，远处白云点点，近处军人们喜气洋洋。彩旗猎猎，映得人们灿烂的笑容格外鲜艳；花儿朵朵，衬得京丰宾馆格外美丽。那一点一滴、一景一物都如此张扬、如此和谐，甜蜜和幸福充满了整个宾馆。

在这里，国家召开全军表彰大会，嘉奖表彰为国家和军队作出重大贡献的先进集体和个人，鲁华玉光荣地出席了这次盛会。时任中共中央总书记、国家主席、中央军委主席江泽民等国家、军队主要领导到会祝贺，亲切接见了与会的科研工作者。当江泽民总书记步入会场并频频招手时，全场掌声雷动。鲁华玉心潮澎湃，热泪盈眶，心跳加速，呼吸变慢，踮着脚，挺着腰，瞪着眼，伸着脖，竖着耳，静视前方……

能参加这样的盛会，是鲁华玉在部队多年来默默奉献所得到的最美回报。然而，他在部队的诸多逸事，一直以来在家乡鲜为人知。时至今时，一次偶然的机会，笔者走近这位有着师级军衔的军人，才发现他深藏着许多激情跌宕、极不寻常的故事。

圆梦当兵

鲁华玉 1949 年 2 月出生在新会三江新马单村的单排村。那里是一个远离喧嚣的小岛村，龙泉河的对面是睦洲镇的龙泉乡。村后是一丘蜿蜒伸向小岛北端的小山——后背山，山不高，但一年四季柏翠松绿，山花繁茂。村西有一条不宽的虎坑河，来往新马单需靠摆渡。小岛内青山环抱，稻田飘香。沿着平坦整洁的水泥大道进入村内，一幅天蓝、山绿、水清、地洁、古屋静立的美丽乡村图景便在眼前徐徐展开。鲁华玉就出生在单排村东侧靠山的一座简陋的黄泥屋里。

1966年，鲁华玉在社办的农业中学毕业后，回到了家乡。村里的干部见他做工勤快，既肯学，又有文化，打算培养他为村里的干部，于是派他到公社学习排灌技能知识、参加"四清"运动，到其他村队跟班学习。1967年，当地正流行一种乙型脑膜炎病（下文简称"乙脑"），村里缺赤脚医生，于是又派他到公社卫生院参加赤脚医生培训。鲁华玉边学习边积极在村里开展防"乙脑"工作，又是上山采药煎凉茶给村民喝，又是挨家逐户宣传防"乙脑"知识。

1967年底，村里正想培养鲁华玉做政治队队长时，征兵工作开始了。在那个年代，绝大多数热血青年都想去当兵，鲁华玉也不例外，于是，他毅然报名应征。到公社征兵办体检，他身体条件样样都顺利过了关。家里人和村里乡亲都为他高兴，毕竟，在当时能走出这个穷乡僻壤的小岛村，也真不容易。但鲁华玉不是这样想的，喝着龙泉河水长大的他，看着青山孕育的故乡，着实很眷恋，更何况农业中学毕业后，村里的干部、群众对他的信任，他是能感觉得到的。在这个平静、淳朴的小岛村，像有一种强烈的渴望和信赖在向他招手。一个远离三江圩镇中心的穷山村，多么希望有一个有能耐、有担当、有抱负的年轻人带领大家去改变她，摆脱贫穷落后的面貌，让她焕发青春、焕发新气象。但当兵服兵役，更是每个青年的光荣义务和神圣职责，是巩固国防、抗御侵略、保卫祖国、保卫人民和平生活、和平劳动、和平参加祖国建设的大事，对他个人来说，更能站在人生的高起点为人民服务。他最后坚定地选择了后者，响应祖国号召，踏上了军旅征途。

村里人得知消息后，都为鲁华玉高兴，说："好钢应放火上铸，让他在部队发出更炽烈的光和热吧！"临行的那一天，正是寒冬料峭的1968年2月，全村的父老乡亲齐聚村头，为他送上殷殷的嘱托和期望，村干部们都紧紧握着他双手，看着面前这个血气方刚、良材待雕、有远大抱负的年轻人，热泪盈眶地为他戴上鲜艳耀眼的大红花，深切地期盼他在部队好好学习，好好锻炼，将来为家乡、为亲人写就一曲动人的弦歌，为单排村这一古老的村落增光添彩。后背山哗哗的松涛、村东奔腾的龙泉河水，都像在为他鼓劲、为他喝彩！

崭露头角

鲁华玉光荣入伍了！他所奔赴的部队，既不在守疆护邦的祖国边陲，也不在繁华喧嚣的大都市，而是在长江畔拥有茫茫湿地的湖南洞庭湖，那里驻守着一支开垦数千平方公里洞庭湖的围垦生产部队。他被分配到9连。连队住的是清一色的稻草草房，走出稻草房，目之所及都是水田。连队的生产任务很重，人均耕地面积约20亩。鲁华玉去到连队时，刚好春耕开始。在那个年代，种田全靠人力耕作。湖南的气候、农事和广东不同，从5月开始插秧，一直插到8月；从6月开始收割，一直收割到第二年春节。当时部队有一首顺口溜：早打打中稻，晚打打晚稻，打完晚稻打再生稻，打完水稻修渠道。早晚学政治文化，抽空练兵和擦枪。那里全是淡水湿地，田里有许多蚌壳和四角红菱，下田时手脚很容易被割伤。不过，连队的生活苦中有乐，也丰富多彩。为改善生活，战士们除每天下地耕作外，还养有猪、牛、鸡、鹅、鸭等畜禽。只要勤快，不愁饮，不愁吃。闲暇之余，豆浆、酒酿（醪糟）当茶喝，生活之美令人寻味，洞庭"鱼米之乡"一点不假。

到了连队才第二周，一天早晨，鲁华玉一早起床，见睡在他对面床铺的新会籍战友欧敬贤还赖在床上，就喊他两声，但没有回音。鲁华玉心想，刚才天亮之前他还起床上过厕所，怎么现在该起床了却还不起床呢？鲁华玉走过去用手推了推欧，见他毫无反应，突然下意识觉得情况有点不妙。再仔细观察，觉得他不像是睡，倒像是处于昏迷状态。再查看他的头、颈、腹等部位和四肢，根据入伍前在公社卫生院学过的有关知识，发现其症状很符合流行性脑膜炎的特征，况且欧敬贤又是来自1967年春曾经发生过"流脑"地区的新兵。经过更细心的检查，鲁华玉觉得欧敬贤感染脑膜炎的可能性更大了。现在病人正处于休克状态，为争取救治时间，鲁华玉立即向连长和指导员报告，并建议立即将病人送到医院抢救。连队首长同意了鲁华玉的意见，并派他和另外三名战友一起将欧敬贤送去团卫生队。他所在的9连离团卫生队约有三公里，但连队通往外面是没有大路走的，只有可走单人的田埂。连队没有担架，只好用铺板代替。鲁华玉他们四个人抬着病人，不能走田埂，只能走水田。连队的铺板都是用竹片做成的，很容易变形。四人踩着刚犁过的满是积水的水田，摇摇晃晃、东倒西歪地走了大半个钟头，将病人安全地送到团卫生队。在团卫生队病房里，将病人安顿好后，鲁华玉迅速向医生详述了病人的情况，然后才返回连队。欧敬贤在团卫生队经及时抢救，住了二十多天院，便痊愈了。

鲁华玉回到连队后，过了几天，突然接到上级通知，说要调他到三营卫生所当卫生员。军人的天职就是服从命令，他卷起铺盖，告别战友，便又到了新的工作岗位。到了三营卫生所不久，他又被派去参加团卫生队举办的卫生员培训班，并当班长。

8月，正是湖南多雨的季节，部队附近的华容县注滋口镇连日来连降暴雨，发生了特大洪水灾害。鲁华玉所在的部队，一马当先参加了抗洪抢险工作。受团卫生队委派，由他带领卫生员培训班的十几名学员，迅速奔赴抗洪第一线，开展抗洪和卫生保障工作。当地的洪水灾区还是严重的血吸虫疫区。鲁华玉在去华容县注滋口镇前，早做好了吃苦的准备，与学员们一道深入各乡村，大力开展血吸虫预防宣传，挖渗水井改善村民生活供水，尽可能减少接触疫水，以降低感染血吸虫病的概率。

1969年3月，为落实毛主席"把医疗工作重点放到农村去"的指示，为缓解当地医疗资源不足，鲁华玉又被抽调去参加由部队组织的首支医疗队伍，进驻湖南南县乌嘴乡，开展巡回医疗，到南县各地送医送药，还为当地举办培训班，培训赤脚医生20余名。

在繁忙工作中，医疗队不知不觉在乌嘴乡忙碌了半年之多才告一段落。

学院深造

1970年2月的一天，位于北京的中国人民解放军军事医学科学院派出两名专家到野战部队挑选人员到学院学习、工作。两名专家来到部队，向团部机关介绍了来意，听了团卫生队队长刘喜春的介绍，根据重政治、重品德、重表现的条件，择优选择了两个人，一名是二营卫生员，另一名就是三营卫生员鲁华玉。两名专家见过二营卫生员之后，表示同意。刘喜春队长赶忙说："三营卫生员比二营卫生员更优秀，可以不用见面了吧？"两位专家点点头，默认了。就这样，鲁华玉和二营卫生员都幸运地被选送到军事医学科学院学习。三天之后，他们两人和来自广州军区各部队的二十名优秀战士，一起坐上北去的列车，前往我国军事医学最高学府——中国人民解放军军事医学科学院。

鲁华玉从基层部队的普通战士、团部三营的普通卫生员，仅几天便成为中国军事医学最高学府的学员，这是他始料未及的人生改变。

更出乎鲁华玉意料的是，他刚到学院，便被分配到学院的放射医学研究所，从事核武器损伤与防护的研究工作。这是一门平时连听也没听过的陌生学科，如同一张白纸，要能在这张白纸上描摹出精品，那就必须得靠勤奋了。幸好鲁华玉自小便勤奋，在这个人才济济、专家教授如云的单位里，只要勤奋、肯学、爱钻研，个个都是自己的榜样，个个都是自己的好老师。为了不辜负党的信任和培养，鲁华玉迅速融入单位，进入紧张有序的学习、工作状态，白天在岗位忙碌，晚上在办公室挑灯钻研教材。在专家教授和全体科技人员的指导帮助下，他一边学习核武器的相关基础理论知识，一边紧张、连续地进行多批模拟核爆炸的杀伤因素致伤动物的实验。如用放射源照射动物致辐射损伤、用炸药爆炸致动物冲击伤、用火焰致动物体表烧伤等几种方法，组合成复合伤的动物实验，再采取多种医学防护、物理防护和治疗措施，细心观察动物防护与治疗效果。经过5个月的刻苦学习和频繁实践，鲁华玉已初步认识和掌握了核试验致辐射损伤、冲击伤和烧伤的特点以及医学防护的基本方法。核辐射等几种致伤因素，对人体会有多大危害，参加核试验的每一个科技人员都很清楚，离爆心越近，核辐射的危害性就越大。鲁华玉和大家一样，自踏进这道门，就完全没有考虑个人的安危，更没有害怕辐射对自己的影响，他一心所想的，是为国家、为军队、为战备多作贡献，很少顾及个人。正因为有着这种崇高的境界，鲁华玉才在当年做出那么多研究成果，直到50年后的今天，这些科学成果仍具有重要的实用价值，为中国核科技的发展发挥了无可估量的作用。

鲁华玉自知自己的文化程度比别人低一截，幸好自1970年2月抽调到北京后，单位从1971年至1973年安排他到第一军医大学上学。为尽快掌握专业理论和实践技能，鲁华玉惜时如金，在这短短的两三年时间里，他付出了别人难以超越的努力，靠自己的刻苦勤奋，硬是提升了自己的专业知识和专业技能。大学毕业后，他回到军事医学科学院，继续从事核武器损伤与防护专业的研究。理论知识虽然已成竹在胸，但在此领域开展实践操作，还得处处从零开始。不过，在鲁华玉面前是没有克服不了的困难。他靠时间，靠勤奋，边干边学，遇到难题，请教内行，请教书本，寻找过河的"桥"和"船"。单位有关核武器及其防治的专著和教材，以及《数学手册》《科技词典》《英汉词典》《汉语词典》等工具书都是他的极佳帮手，他随用随查，从不放弃一个疑点，从不错算一个数据。自从单位有了电脑，他便利用休息时间上网搜集办公常见问题的解决方案，以备工作急需，少走弯路。就这样，鲁华玉自到北京后，面对极具挑战性的全新领域及课题，从陌生到入门，从不会到渐会再到慢慢提高。他所负责的专业领域课题研究，绝大多数是密级的，所以他撰写的科技论文、总结及科研成果，大多也不便公开和发表。

开路先锋

鲁华玉在军事医学科学院才学习、实践了五个月，1970年7月，便第一次被安排赴西北核试验场参加我国核爆炸试验。对参加核爆炸试验人员的选择，政治要求十分严格，除政治面貌和表现外，还要查家庭历史三代。这些条件，鲁华玉自然都符合了。除此之外，鲁华玉还根据组织要求，严格遵守保密规定，凡自己知道的有关核试验情况，"上不告父母，下不告妻儿"，只能"记在脑子里，烂在肚子里，带到棺材里"。能参加核爆炸试验，每个人都感到无比光荣和自豪，但责任是重大的，决不能辜负组织的信任，更不能出任何丝毫差错。

每一次进行核爆炸试验，鲁华玉他们都要提前五天赶赴核试场打前站。每次出发，艰苦的程度往往出乎意料。从北京出发，到发射试验场有4 000多公里之遥，鲁华玉他们乘坐的是"闷罐"军列，车速极慢，要"咣当"七天七夜才能到达发射试验场外的简易火车站。下了火车，还要转乘敞篷卡车再走两天路程才能到达宿营地。大西北沙漠的公路，也是很简易的。说是路，其实是在沙漠的高处走过的车辆多了，便成了"路"。路途中有很多很长的像西北人惯用的洗衣板似的"搓板路段"，满载物资的车辆行驶在上面，颠簸得人难受，路程虽不算远，但摇来晃去得两天才能到达宿营地。

每天从宿营地到核爆炸区作业，来回还得再走两百多公里，同样是乘坐大卡车进出。工作的实验室条件非常简陋，是用土坯加芦苇盖成的，宿舍也是土窝棚。大西北的气候极恶劣，经常飞沙漫天，住的土窝棚又不密实，四面透风，第二天早上起床，人们常常满身沙土。吃饭时一股风沙刮来，稍不留神便吃夹沙饭，这样的情景是常有的事。气温的变化也特别异常，夏天，地面的温度最高达七十摄氏度；冬天，最低的温度低至零下四十摄氏度。尽管所遇到的困难和危险常常难以想象，但鲁华玉和全体科技工作者心里仍然怀有一种说不出的激动。

在临近核爆炸试验的日子，鲁华玉他们更是日夜加班加点，拼命做准备工作，极细心地反复检查核对各项数据和设备设施，生怕出现些微疏忽，影响核爆炸试验的全局。

核爆炸试验前的那天晚上，鲁华玉异常兴奋，睡不着觉，双眼总盯着窝棚顶，急盼着这一时刻的到来。

核爆炸试验的当天，鲁华玉他们一早起床，迅速将做实验的动物布放在预定的核杀伤区的不同位置，然后又立即返回到观看点待命，聚精会神地听现场广播。到了核爆炸时刻，当广播喇叭倒计时数到"九、八、拐……"

时，他们眼睛眨都不敢眨，伸长脖子侧耳静听，生怕出故障，紧张得连气都不敢出。激动人心的时刻终于到来了，当广播喇叭响亮而庄严地播出"……三、两、幺、洞，起爆"时，核爆点当即强光一闪，紧接着一声巨响，一个火球随即从地平线上腾起，直冲高空，并不断膨胀，瞬间变成了巨大的蘑菇云，直冲云天。"成功了！成功了！"现场欢呼四起，人们都挥手雀跃，热泪盈眶……看到此情此景，鲁华玉的心跳立马加速，那种无比喜悦、激动的心情简直难以言表。他第一次置身如海潮般的欢乐情景，澎湃的心情久久无法平静。

核爆炸过后，当指挥台发出允许进入核爆炸区的通知时，鲁华玉与其他三名科技人员便迅速坐上一号卡车，直奔爆心点，以最敏捷、最快速的动作回收布放点的动物，装上车后便又迅速离开核爆炸区，再经严格洗消，才返回实验室。在实验室，他们对所有在核爆炸现场做实验的动物都进行伤类及伤情判断，并作出杀伤范围的估算，然后再将得出的结果向指挥部报告。待把核爆炸后的一切实验报告做妥了，当日的工作才算告一段落，方可轻松地回宿营地吃饭、冲凉、休息。至此，鲁华玉他们从做准备工作开始，已经连续工作了二十多个小时了。

核爆炸后，正是鲁华玉他们进行科学研究的关键时刻。次日，紧张而有序的工作便拉开了序幕。根据明细的分工、科研项目的要求，鲁华玉他们检查了核爆炸时对动物的核辐射损伤、冲击伤和烧伤的不同情况，并进行了分类和记录，然后再给动物量体温、称体重，做好生理、生化、病理等方面的检测，还要给有需要的动物服药、输液等。这一实验的后续工作任务，在核爆炸后往往要持续干两三个月才能完成。

1975年12月，是当年要完成的三次核试验任务的最后一次，鲁华玉和其他两名科研人员接受了一项新任务，为参加核试验的后续大部队的到来做好各方面的准备。他们于12月28日背上行李告别家人，从北京出发，乘上西去的特快列车，行了三天三夜，于31日傍晚才到站。下了火车，再转乘由核试验基地派来的吉普车去宿营地。鲁华玉以为这样连夜行车，是可以争取在24小时后按时到达宿营地的。可人算不如天算，车子行驶不到一小时就出现了故障，走不动了。寒冬腊月的大西北，又是茫茫大沙漠，室外滴水成冰，且夜幕降临，在寒风呼啸的冰封野外，前不着村后不着店，怎么办？鲁华玉万分焦急，他站在路旁直跺脚，心想要是能搭上便车多好。这时，左前方开来一辆大卡车，他迅即上前向司机招手示意。车停后，他便箭一般上前行了个军礼，说："司机同志，您是朝库尔勒方面去的吗？能否捎我们一程？"司机有点难为情地说："我拉的是水泥，搭不了呀。"鲁华玉见司机为难，为赶时间，只好硬着头皮说："我们就坐在卡车里的水泥上面。"司机见他们三人都是军人，外面北风劲刮，寒气逼人，天又已深沉洞黑，便扬扬手答应了。于是他们三人爬上卡车，将车中间的水泥包垒在周围，筑成窝状，他们就蹲在里面。车行了不一会儿，他们三人的眼睛都被鼻孔呼出的水汽和着水泥给糊住了，眉毛和皮帽也冻在了一起，用手掰也掰不开。卡车顶着凛冽的北风，颠簸着行了两百余公里，于次日凌晨两点多才到达核试验基地招待所的大门口。他们赶紧下了车，你看看我，我看看你，像是三尊水泥人，都哈哈大笑起来。鲁华玉再三谢过司机后，三人才进入基地招待所，痛快地洗了个澡。洗漱后小憩了一会，起床吃过早饭，便又继续乘车出发。车子朝西再颠颠簸簸地行了两百多公里，才于当晚安全到达宿营地。

鲁华玉他们这次提前到宿营地打前站的主要任务是打扫营舍、厨房、食堂和动物房等，还要对严重破损房舍做简单的维护；准备好供电、人员生活用水和动物饲养用水。为了让大部队到来之时能马上入住，要提前在室内生好炉火，给动物室做好取暖准备；还要准备好饭菜，煮好饲喂动物用的糊或粥，让大部队到来之后能立即吃上热饭菜、喝上热汤，动物能迅速入室并饲喂，实验用的物资、器材能尽快入库、存放。

鲁华玉他们三人连续紧张工作了三天，一切工作已就绪，只等大部队的到来。大部队一到，宿舍里面暖暖的，食堂饭菜热热的，水箱的水灌得满满的，饲喂动物的粥糊够够的，大家见面乐融融的。经全体参试人员共同协作、努力，奋战了三个月后，终于圆满地完成了这次核试验任务。

悲喜交织

1976 年，是鲁华玉终生难忘的一年。那一年，按计划也要完成三次核爆炸试验任务。然而，就在那一年，神州大地却发生了四起山河恸哭、令人悲痛欲绝的大事。

在元旦前夕，鲁华玉他们像往常一样，在每次核爆炸试验前提早打前站，为大部队的到来做好一切准备工作。这次，他们历经长途跋涉后，于元旦凌晨便到达核试验基地，随后又向核试验场驻地进发。这天清晨，中央人民广播电台又准时准点响起了《东方红》乐曲，广播了元旦社论《世上无难事，只要肯登攀》。这篇社论很合时宜，它好像在鼓舞大家，为了搞好这次核爆炸试验，要克服一切困难，把打前站的工作做好。1月4日，参加核爆炸试验生物效应的大部队陆续到达核爆炸试验现场宿营地——开屏村。大部队一到，整个试验场立即热闹无比。正当大家都沉浸在"到处莺歌燕舞"的新年气氛中，紧张开展核爆炸试验的准备工作时，8日一早，中央人民广播电台突然播出了沉痛的噩耗—— 一直关心中国核科技发展的周恩来总理逝世了。全党、全国、全军都开展悼念敬爱的周恩来总理的活动。原本预定于1月中旬进行的核爆炸试验往后推迟了若干天，于1月23日成功实施。这次核爆炸，像是在告慰我们敬爱的周总理，他生前关心的中国国防科技事业，正逐渐走向世界强列，中国已真真正正地站起来了！

半年后的7月6日，周总理逝世的悲痛之情还在萦绕，中国十大元帅之一，全党、全国、全军德高望重的朱德委员长又溘然长逝，人们又一次揪紧悲恸之心，悲痛地悼念伟人。

一波未平一波又起，同月28日凌晨3时42分，唐山突然发生了山崩地裂的7.8级大地震，军事医学科学院受到严重波及。为防余震，当日清晨，军事医学科学院将所有家属人员全都安排入住到办公大楼走廊和其他坚固的建筑物内临时避震，而所有军人则全都露天宿营。大家顶着炎热的暑天，坚持了数日，在院领导的安排下，在院内的操场和树林里陆续搭建起防震棚。就这样，学院的全体工作人员及家属，在防震棚内生活了近一年。

在唐山地震前，鲁华玉已紧张参与了当年的第二次核爆炸试验准备工作。地震后，虽然住露天，但并没有影响参加核爆炸试验工作人员高昂的工作热情，大家都像往常一样，按部就班，把各自的准备工作一丝不苟地做好。待一切参试准备工作就绪，大部队便于8月上旬离开防震棚，乘坐"闷罐"军列从北京出发，8月中旬才到达核爆炸试验场驻地。在驻地，全部队工作人员夜以继日，轰轰烈烈地投入这次核爆炸试验的最后准备工作。

又一个晴天霹雳传来。9月9日那天下午，中央人民广播电台以极其沉重的声音播报讣告《告全国人民书》，极其沉痛地宣布中国人民的伟大领袖毛泽东主席逝世的消息。此时此刻，人们的心如坠冰河，霎时山河失色，五洲同悲，似乎地球也停止了转动。为沉痛悼念毛主席，部队领导在核爆炸试验场驻地设立了毛主席灵堂，组织全体官兵开展吊唁活动。原定于9月中旬进行的核爆炸试验也暂停，推迟到9月26日进行。为出色圆满地完成这次核爆炸试验任务，全部队都以继承毛主席遗志为动力，按照上级要求，精心组织、精心指挥，在预定时间顺利完成了当年的第二次核爆试验。面对远处冲天翻滚的蘑菇云，人们没有像往常一样挥手欢呼，相互拥抱祝贺，而是都在心里默默告诉毛主席：他老人家殷切关怀的中国国防科技大业，中国人民是有能力、有志气、有信心在不远的将来赶上和超过世界先进水平，为保卫祖国、强我中华作出不朽贡献的。

当年第二次核爆炸试验完成后，部队并没有撤离核爆炸试验场，而是坚守下来，继续为当年第三次核爆炸试验做好准备。大家化悲痛为力量，经过一个多月夜以继日的紧张准备，于1976年11月17日，成功进行了我国第一次500万吨级的最大当量的氢弹核爆炸试验，它的威力相当于一颗原子弹的1 000倍，其巨大当量是空前绝后的。这次氢爆炸试验成功，与苏联1961年夏天进行的最大当量氢核爆炸，仅相隔15年。鲁华玉他们这支科研队伍，在这次如此大当量的氢核爆炸条件下，攻克一切艰难险阻，众志成城，成功获得了对动物致伤的特点及其防护对策的认识，进一步拓宽和完善了课题的研究领域，更加夯实了课题的研究成果。

完成了当年的核爆炸试验任务，12月中旬，大部队才卸下肩上的重任，轻装撤离核爆炸试验场，在 12 月底乘专列回到北京。

之后，从 20 世纪 80 年代初开始，我国已结束大气层核爆炸试验，转入地下进行核爆炸试验了。在大气层核爆炸试验期间，有关核爆炸致光辐射、冲击波和早期核辐射这三种瞬时杀伤因素对动物的致伤效应，通过鲁华玉他们的分析研究，已有了结论。但核爆炸是否会引起震动伤的疑问尚无明确答案。自 1992 年至 1996 年转入地下进行试验后，鲁华玉他们振作精神，马不停蹄地利用有限的地下核试验次数，缜密地完成了地下核爆炸震动对动物致伤及其防护的研究，获得了新的成果和新的认识，基本掌握了此类损伤致伤规律，提出了不同程度震动伤所需要的冲击震动加速值。鲁华玉他们便根据掌握到的这些规律特点，研究出了多种防护器材，供核试验时应用。就这样，核爆炸是否会引起震动伤和引起震动伤后如何防护的对策，在鲁华玉他们的攻克下迎刃而解。

1996 年，这是鲁华玉自 1970 年 7 月第一次参加我国核爆炸试验以来第 18 次参加核爆炸试验，也是我国最后一次核爆炸试验。它向世界宣布，中国已掌握了世界上威力最大的核武器了。中国的国防科研队伍对于预防核爆炸威力强大的致伤研究，也已涉及尖端领域，并掌握了这一世界最先进、最具挑战性的科技，中国有了国之重器，强我中国梦的宏愿终于实现了！中国有了核武器，有了"两弹一星"国之重器，中国人民在世界民族之林中屹立得更加坚强、更加挺直，仰人鼻息的时代一去不复返了！

不凡伟绩

鲁华玉参与了我国 18 次核爆炸试验，这一过程中，他和他的团队主要是承担并参加核武器生物效应试验等重要课题的研究。

1974 年，刚好距我国 1964 年第一颗原子弹爆炸成功 10 周年，至此，我国已进行了 11 次大气层核试验，军事医学科学院需要进行综合技术总结了。鲁华玉被委以重任，参与我国自核试验以来的资料总结。鲁华玉参与总结的课题是核爆炸光辐射、冲击波和早期核辐射这三种瞬时杀伤因素对动物的致伤效应资料分析和研究。那时还没有电脑，最先进的计算工具就是手摇计算机。对十几次核爆炸试验的三种瞬时杀伤因素效应资料进行数据整理、数理统计和函数计算，基本上都是鲁华玉用手摇计算机完成的。为了与全局的分析研究同步，有一次鲁华玉连续摇计算机摇了90多天，摇到手腕酸麻肿痛。计算出结果后还要绘制成图表，大量的要求达到出版质量的曲线图，均由鲁华玉手工绘制而成。他所得出的综合研究结果，得到军事医学科学院的充分肯定，为我国掌握核武器的致伤规律及采取的防护措施提供了有力的科学依据。

1980年，鲁华玉进行了放射复合烧伤防治实验研究。放射复合烧伤是核武器所致的较高发生率伤类之一，它比光辐射、冲击波、早期核辐射三种瞬时杀伤因素中任何一种因素引起的单一伤防治起来更为困难。在以往多年研究的基础上，鲁华玉牵头利用狗致伤作为实验模型，经过反复模拟、预试，筛选出了一组效果较好的防治方案。该方案是采用综合对症治疗（医学术语）的中西医结合措施，对重度急性放射复合中度烧伤有显著的防治效果。这一方案的防治原则，在我国该专业领域内一直沿用至今。

1984年，鲁华玉参与核爆炸医学效应的研究，重点承担瞬时杀伤因素中的早期核辐射致伤概率的专题研究。为了使研究成果有新突破，鲁华玉搜集了大量的国内外动物实验资料、核辐射事故造成人员伤亡的资料，以及"二战"时日本广岛、长崎原子弹爆炸致人员受害的资料。在这个基础上经分析和推导，得出了一组人员在受到不同剂量的早期核辐射照射后，引起了1%~99%伤亡率与受照射剂量的关系曲线及其函数关系的方程式。同时，鲁华玉还参与瞬时杀伤因素中的光辐射伤亡率与光冲量的关系、冲击波伤亡率与冲击波压力值的关系等一系列相关的研究，均获得了有关核爆炸的医学效应及其防护对策的新成果。这些重大成果在中国国防应用上意义重大。

这些重大的科研成果，不是经过一两次的核爆炸试验就能完成的，而是经过一个科研项目接一个科研项目、一个任务接一个任务长期积累形成的。有的科研项目要采用狗、鼠作为模型进行动物实验。实验的过程特别讲究，先要进行实验设计，如需要多少动物，观察哪些指标，观察周期多长，采用什么预防、治疗等干预措施等。有的实验可在室内进行，有的则要在野外作业，例如核爆炸动物效应就须在荒无人烟的沙漠腹地里进行。一项任务或一项课题，往往有很严格的时间要求。每完成一批动物实验或一项课题研究，都要进行资料整理、数理统计、图表绘制、综合分析等，最后才形成科学报告或论文。

功勋总是眷恋不懈努力的人。自鲁华玉开始承担并参与核武器生物效应实验重要课题研究以来，居功累累，前后仅30年，共获得科技成果奖15项，其中：1978年获全国科学大会奖1项；1991年和2001年分别获国家科学技术进步奖一、二等奖各1项。这三项奖均属国家级。同时，自1981年至2001年的20年间，获军队级奖项的有科技进步奖一等奖2项、二等奖（含成果奖）4项、三等奖4项，共10项。其间，1995年和2000年分别获军队后勤重大科技成果奖各1项。除此之外，1995年还曾获国防发明专利1项；执笔制定《核和辐射突发事件心理救助导则》等国家标准5项，国家军用标准和国防专利共8项。这些珍贵的资料均属内部资料，是不予公开的。

除获得重大科技成果奖外，鲁华玉在重要课题研究上，还通过对各科研项目的反复试验和实践，将得出的结论撰写成论文或专著，在军事医学科学院、国内外医学杂志发表，或供学术界做学术研讨。他编写的部分专著和参编的著作，还成为硕士研究生的教材。前后20多年间，鲁华玉主编或参编专著、教材38部，撰写科技论文或总结80余篇，培养硕士研究生2名。他先后被评为军事医学科学院优秀研究生教育工作者、总后勤部优秀教师，获军事医学科学院"阿姆斯"军事医学研究奖励基金奖，荣立三等功1次。

除此之外，鲁华玉在1982年到1997年的15年间，还承担了防原医学教学任务，为全国、全军、各军兵种和军事医学科学院研究生共举办数十期专业培训班、进修班，接受培训、进修的人数累计有数千人次。规模及影响较大的有以下几次：

1982年，鲁华玉参与东北地区某部三防演练，在其中举办了三防及军队卫生专业培训班，还举办了大型专业普及展览，为期40余天。鲁华玉在这次培训班上承担了核武器损伤及其防护内容的讲授，分批教学，听课人数共

500余人。

1988年，为适应我国核电事业的发展需要，防患于未然，在浙江秦山核电站即将运行之际，受总后勤部委托，由军事医学科学院承担，在浙江杭州举办了一期为期10天的"全军放射医学技术骨干培训班"。鲁华玉参与了组织本次培训并承担放射医学基础及应急救援专业技术等内容的教学任务，来自全军听课的专业人员有200多人。这为浙江秦山核电站和广东大亚湾核电站储备了军队医学救援骨干力量。

1989年，继杭州培训班后，在广东大亚湾核电站即将投入运行前，受总后勤部委托，由军事医学科学院承担，在广州举办了为期8天的"全军第二届放射医学技术骨干培训班"，鲁华玉参与组织并承担放射医学基础及应急救援专业技术等内容的教学任务，全军听课的专业人员有180余人。

1997年，受总后勤部委托，并得到国家核电办公室的支持，由军事医学科学院承担，在北京举办了两期"全国放射医学应急救援技术骨干培训班"，全国共有300多位专业人员参加培训，鲁华玉同样参与组织并承担放射医学基础及应急救援专业技术等内容的教学任务。之后，还主办过两期"核与辐射突发事件医学应急救援技术骨干培训班"，以及为北京等地区举办多期"核武器防护普及班"。

这些专业培训班，为防原医学与放射医学知识专业的普及、提高以及核辐射事故医学应急起到了极其重要的促进作用。

国家为表彰鲁华玉为发展我国国防科学研究事业和"两弹一星"事业所作出的突出贡献，从1993年10月开始，给他发放国务院政府特殊津贴。

出生在农村、成长在部队的鲁华玉，50年坚守初心，不改本色，用他的朴实纯粹、淡泊功名书写了精彩的人生，把自己最宝贵的青春年华献给了祖国的核事业，用他的激情岁月，为中国"两弹"事业的发展作出令人赞慕的贡献，居功至伟！

赵焕庭：与海洋打交道的地质学家

◎赵崇卓

　　"当我成为共产党员的时候，我决不骄傲自满，时刻以共产党员标准衡量自己……掌握专业知识，不断提高业务水平，锻炼好身体……毫不保留地把自己的全部力量以至生命献给党。"——这是中国科学院南海海洋研究所原副所长、研究员、博士生导师赵焕庭先生于 1956 年在《中国共产党入党志愿书》上写下的。

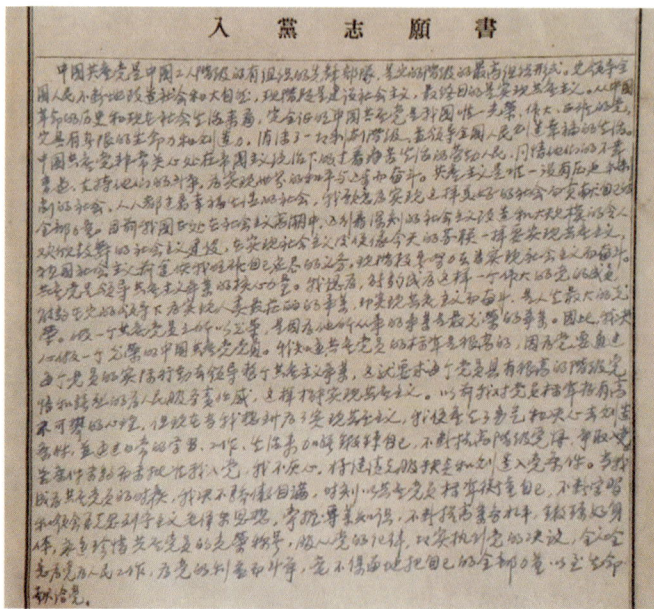

赵焕庭的《入党志愿书》[1]

---

[1]　本文图片均由赵焕庭提供。

赵焕庭系广东省江门市新会区古井镇霞路村五福里人，1936 年 1 月出生，1956 年加入中国共产党。1958 年 8 月本科毕业于中山大学并留校任助教，旋即被派往南京大学进修地质地貌学，两年后回中山大学地质地理系任地貌学教研室主任兼党支部书记。1962 年 9 月调任中国科学院广州地理研究所地貌第四纪地质研究室珠江河口三角洲研究组组长。1973 年 1 月调入中国科学院南海海洋研究所，逐步升任研究员、博士生导师。曾任海岸河口研究组组长、海洋地质研究室副主任（主任虚位）、海岸河口研究室主任、南海海洋研究所副所长。2002 年 12 月退休，返聘任学术委员会顾问。2009 年 7 月被广东省社会科学院广东海洋史研究中心聘为客座研究员。2014 年 12 月被南京大学中国南海研究协同创新中心聘为特约研究员。

少年立志，报效祖国

在赵焕庭两岁之时，日军占领了家乡新会，年幼的他随亲人逃难到香港。1941 年日军发动太平洋战争，攻打香港，赵焕庭一家转移到澳门租住。直到 1942 年，他们才回到家乡。看到家宅毁于战乱，他感到无比伤心和无奈。1943 年，珠江三角洲遭遇大旱，他亲眼看到路有饿殍。寇祸天灾，国弱遭辱，使他更坚定了把祖国建设得繁荣富强的决心。1944 年，赵焕庭入读小学，他从小学语文课本上读到詹天佑建设京张铁路的事迹，国人的那种自强精神和工程师的设计技巧，给他留下了深刻的印象，便决心以詹天佑为榜样，学好知识，报效祖国。

1955 年，正值国家的第一个五年计划建设时期，此时赵焕庭于新会一中高中毕业。"报考大学时，老师说国家急需能做勘测、施工的现场工程师，我当时就报考了中山大学的自然地理学专业。"他还说："中国共产党领导建立的新中国，实现了民族独立和人民解放，一颗立志'科学报国'的种子便在我心里悄悄发芽。"

大学毕业后，赵焕庭因成绩优秀留校当助教，1958 年 8 月底被派往南京大学地貌学教研室进修地质学、地貌学等学科课程和参与教研活动。1960年5月经南京大学地理学系办公室介绍，到上海挂靠华东师范大学地理学系的中国科学院河口研究室（筹）组织的苏北海岸盐城—吕四港段断面多船同步水文泥沙测验，从此"下海"。赵焕庭于1960年7月结束进修回到中山大学，任地貌学教研室主任兼党支部书记，旋即开办地貌学专业，负责招生并制订地貌学专业教育计划、授课教师排课计划与师资培养计划。同时，通过省水利电力厅水电设计院珠江河口试验站，接受省水电设计院的委托，于1960年秋冬季做珠江河口泥湾门白藤堵海工程区水文水利和动力地貌调查；接受南海舰队工程部的委托，于1961年开展台山县（今已改市）镇海湾断面多船同步水文泥沙测验和动力地貌调查以及港航工程单位关于某渔港建设工程区泥沙回淤问题咨询。及至中科院广州地理研究所，从事河口三角洲研究，从此，他原本希望像詹天佑一样为国修建铁路，却没想到与海洋打了一辈子交道。

科学兴国，梦想成真

1973年，因为具有地质地貌学的基础和一些海洋工作经验，赵焕庭来到中科院南海海洋研究所海洋地质研究室海岸河口研究组工作，任海岸河口研究组组长，负责海岸港湾港口航道的工程泥沙回淤调查研究与珊瑚礁和红树林海岸研究。

1973年周恩来总理发出了三年改变港口面貌的指示，赵焕庭历时5年，于1973—1978年进行了黄埔港通海航道狮子洋段和伶仃洋段的调查研究，主持了首次沉积和水文泥沙实测，采集了大量地质、地貌等实际资料，研究得出了河口河床演变规律，并写作研究报告，为航道整治提供了科学依据。

1978年全国科学大会在北京召开，赵焕庭参与的《华南港口航道工程水文泥沙回淤研究》成果获得全国科学大会奖，他深刻感受到国家对知识和人才的尊重。随后，其《黄埔港通海航道研究（黄埔港莲花山水道浅滩研究报告及伶仃洋航道选线的调查报告）》获1979年广东省科学大会奖。

此外，他参与领导的广东省海岸带和海涂资源综合调查（1980—1986），其成果报告书获 1987 年广东省科技进步奖特等奖。

赵焕庭等详细研究了处于热带和南亚热带的华南海岸与南海诸岛的珊瑚礁、红树林海岸、河口三角洲、沙坝—潟湖—潮汐通道体系、基岩港湾式海岸等几大类地质地貌体，全面总结了各类地貌形成的演变规律，系统地揭示区内第四纪环境变化（海侵及其间的海退），详尽展示了区内地跨约 20 个纬度的广大低纬度海陆空间的现代自然环境的利弊与自然资源，提出了可持续开发的方针、原则、布局、区划与保障。

在历年完成多个有关珠江河口三角洲研究课题、卸任南海海洋研究所副所长后，赵焕庭用一年时间加以总结，撰写了《珠江河口演变》（海洋出版社，1990 年）一书。该书由我国第四纪研究功勋科学家、华南地理学一代宗师曾昭璇教授作序，其谓该书揭示了珠江口的形成、演变规律，是我国第一本区域河口学专著。1995 年香港大学地理与地质系教授严维枢评论该书，誉其为珠江河口研究的里程碑。且该成果已应用到黄埔港通海航道、三角洲水道与河口的研究与整治中，并获中科院 1992 年自然科学奖二等奖。这是南海海洋研究所成立 33 年来获得的第一个中科院自然科学奖。

2001 年赵焕庭还撰写了《关于珠江河海划界的意见》，在学术期刊《热带地理》上发表，为协调河流流域与海域管理又提供了理论依据。

以赵焕庭为首撰写的专著《华南海岸和南海诸岛地貌与环境》，获 2002 年广东省科技进步二等奖。《华南潮汐汊道现代过程研究》获 1996 年中国科学院自然科学奖三等奖。这些成果已应用到临海石油化工基地、核电站和港口建设中，促成牙龙湾、柘林湾、广澳湾、茂名港和湛江港等万吨级港口或新港区的建设，以及一些渔港的改建和扩建。

赵焕庭于 1958 年正式参加科学研究工作，1963 年以来，其先后主持或参加的科研项目共有 28 个，成果丰硕。科研成果获省部级及以上奖项 18 项：国家级分等 2 项，不分等 2 项；省部级不分等 1 项，特等 1 项，一等 2 项，二等 6 项，三等 3 项。国家级奖项有：《西沙、中沙群岛及其邻近海域海洋综合调查研究》和《华南港口航道水文泥沙调查研究》，均获 1978 年全国科学大会奖；《南沙群岛及其邻近海区资源、环境与权益综合调查研究》，获 1999 年国家科技进步二等奖；《南海及周边地区遥感综合监测与决策支持分析》，获 2014 年国家科技进步二等奖。另外，他出版（含合著）专著 22 种（其中第一作者 5 种，并列第一作者 1 种，内部印刷 4 种）、主编论文集 7 种（其中内部印刷 3 种）、论文 179 篇（其中第一作者 101 篇），其他连续报刊文章 24 篇。

1992 年起，赵焕庭享受国务院政府特殊津贴。

此外，他退休前曾培养了一批学士、硕士和博士。其中，余克服博士已成为我国珊瑚礁地质与古环境学科带头人。当年赵焕庭也有意为兄弟单位如中科院华南植物研究所邢福武、中科院武汉岩土力学研究所汪稔、中科院广州地化所等几位年轻科学家提供创新机会，而他们后来也已成为我国珊瑚礁相关学科带头人。

"看到祖国因我们的研究成果变得更好，我为此感到自豪。"赵焕庭说。

坚持岛礁研究，成果丰硕

南海海洋研究所经上级批准后组织了西沙群岛、中沙群岛及附近海域海洋综合调查研究（1973—1977），赵焕庭作为 1974 年冬季航次领导小组的成员，其间登临西沙永兴岛和石岛考察了珊瑚礁与灰沙岛，开始投入南海诸岛研究。当时南海海洋研究所设备简陋，只有 1 艘改装的"实验"号科考船，排水量 1 426 吨。这是当年英国的运牛货船，于 20 世纪 60 年代被台风刮沉在我国华南领海，英国船主表示放弃了该船后，我国将其打捞出来，由省政府拨给缺船的南海海洋研究所，改造成为科考船。

"实验"号曾在西沙附近海域遭遇了阵风超过 10 级的热带低压，大风大浪中，船身摇摆极为严重，大部分船员和考察队员都晕船了，但仍坚守岗位。他们边吐边干，继续观测、采集样品和数据，完成计划。而赵焕庭经此考验，也开启了从近海走向远海的海上科考之路。

考察珊瑚礁与灰沙岛

　　"文化大革命"后，国家批准给南海海洋研究所建造"实验2"号海洋地球物理调查船（1 150吨）和"实验3"号综合海洋调查船（3 324吨）。

　　1980年由上海沪东造船厂建造的"实验3"号，是当时先进的综合海洋调查船，能满足多种海上科考项目的需求。从此，南海海洋研究所科学家的研究也从浅海走向了深海。

　　1985年冬，由中国科学院的大气物理研究所（北京）、海洋研究所（青岛）和南海海洋研究所（广州）人员组成的"西太平洋热带海域海洋—大气相互作用与年际气候变化"研究课题组人员45名和"实验3"号调查船船员39名，组成西太考察队，由赵焕庭担任考察队总指挥，于1985年12月10日从广州新洲码头出发，直接进入考察区（13° N~1.5° S，125° E~140° E，面积约2 700 000平方千米）。该队观测了6个断面73站大气和海水20个项目，共航行了12 000千米，圆满完成任务，并于1986年1月28日回泊新洲码头。这是中国科学院首次太平洋海洋科学考察。

　　20世纪80年代初，赵焕庭在南海海洋研究所副所长岗位上抓全所科研计划工作时，利用国际国内有利形势，首倡南沙综考。

　　1984年，经赵焕庭的坚持，在国家批准下，终于成功完成了中国科学院南海海洋研究所南沙群岛综合科学考察立项，由中科院南海所实施，首先做曾母暗沙科学调查（1984—1986）。

1987年，赵焕庭又成功组织并经国家批准列入国家"七五"计划科技专项的"中国科学院南沙群岛综合科学考察"项目（1987—1990），国内各系统29个单位300多名科技人员参加了该项综合考察工作。此后至2010年，连续5个五年计划获国家批准列入国家科技专项继续执行。

赵焕庭于1987—2000年连续担任"七五""八五""九五"3个五年计划的南沙综考项目岛礁调查课题组组长。在1989年到1999年期间，赵焕庭先后5次带队深入南沙群岛做岛礁的基础科研勘测。那时，邻国只敢欺负我国渔船，不敢惹我国大型调查船舶，综考期间所遇邻国海警船都不敢对中国调查船肆意妄为。当时我国调查船去哪个礁滩，海南、香港和内地其他渔船闻风便自动跟着去，那情景像母鸡带小鸡一样，国企水产船跟着恢复了南沙渔场。据统计，1985—1997年，华南（未计港澳台地区）开赴南沙渔场作业的渔船约为2 200艘次，总产14.2万吨，渔获质优价高，产值7.2亿元（见赵南坚等：《维护我国海洋权益——曾母暗沙渔场访渔民》，《南方日报》，1998年5月9日），而同期南沙综考项目直接投资累计3 820万元，直接投入（不计人力成本、船舶和仪器设备折旧等）与产出的比值为1：18.85。南沙渔场的开发，凸显了中国在南沙的存在感，经济效益明显，既增加了南海渔民的就业机会，也丰富了华南人民的"菜篮子"。

赵焕庭带队驾艇登礁，做了一系列的工作，如水文测验、旁侧声纳地貌浅地层测量、卫星相片分析、地貌调查、沉积采样、工程地质探测、生物采集、地质钻探研究等，还进行了室内粒度、矿物、元素、生物分析，古生物鉴定，岩土力学测试，同时阅读了大量国内外文献，编写出一批成果报告与图件。该队调研获得的第一手数据，使学界对南海岛礁的自然发生和演变机理有了更深的认识。

另外，他在永暑礁礁坪与潟湖实施了全采心钻探和工程地质钻探，采用了多学科常规与先进的测试方法，获得大批地质数据，对 1990 年南沙第一井"南永 1 井"井深 152.07 米的岩心进行了地质学、年代学、古生物学、岩土物理力学和工程地质学的深入研究，并参与主编了《南沙群岛永暑礁第四纪珊瑚礁地质》（海洋出版社，1992 年）等，建立了南沙群岛礁区我国第一个第四纪珊瑚礁地层表，揭示了 90 多万年以来的沉积旋回、古气候和古海平面变化。研究了作为一种特殊岩土类型的珊瑚礁的问题，系统论述珊瑚礁工程地质学则在国内属首次，开拓了工程地质学研究的一个新领域。同时揭示南海诸岛礁区地壳长期下沉，并算出其沉降率，还指出在未来海平面上升的条件下，岛礁在生物地貌作用下将同步增高，不致被淹没。1993 年刘东生院士评审《南沙群岛永暑礁第四纪珊瑚礁地质》研究成果时认为，这种对礁进行系统的、多方位的研究是前所未有的，提供了中国第四纪珊瑚礁研究最详尽的实例，集中地反映了第四纪地质作用过程的研究是近代地质学发展的热点，开创了我国热带海洋地质学的系统研究。

赵焕庭等人在考察南海诸岛岛礁时，还集体进行了"七五"南沙群岛及其邻近海区综合科学考察，研究成果获 1993 年中国科学院自然科学奖一等奖；集体进行了"八五"南沙群岛及其邻近海区综合科学调查，研究成果获 1997 年中国科学院科技进步奖一等奖；集体进行了南沙群岛及其邻近海区资源、环境与权益综合调查研究，研究成果获 1999 年国家科学技术进步奖二等奖。

赵焕庭还应邀参加南京大学和中国科学院地理科学与资源研究所领头的"南海及周边地区遥感综合监测与决策支持分析"（1996—2010）项目。在该项目中，赵焕庭主要负责南海岛礁地貌遥感综合调查及验证（这是本项目成果创新点之二），为该项目的研究提供及时咨询。还通过了解南海发展历史、实地考察等方式对南沙群岛及其邻近海区的资源、环境与权益等遥感信息提取与分析的结果进行验证，并参与专报撰写和专著写作出版。此外，他还同中国科学院地理与资源研究所地理信息国家重点实验室合作，做南海诸岛卫片地质地貌沉积和地理的解译、制图和文字说明工作；校改了由中国科学院主编的《中国南海主权态势演变图集》（内部印刷，2012年）的部分内容，还校改了其中的南海岛礁的遥感影像图片地貌解译图文，该项目成果获2014年国家科学技术进步奖二等奖。

赵焕庭历年发表了大批南海岛礁学术论文，写作（含合著）了一批涉南海岛礁的专著，主要有9种，其中《南沙群岛永暑礁第四纪珊瑚礁地质》获国家自然科学奖二等奖;《中国科学院南沙综合科学考察队》《南沙群岛自然地理》《南沙群岛水道锚地与港口选址研究》《南海地质》《广东徐闻西岸珊瑚礁》获广东省自然科学等级奖。

另外，赵焕庭还接受海军某部的委托，无偿做《南沙群岛和中沙群岛被占岛礁及部分无人礁航片分析》（1998—2002），完成《南沙群岛被占岛礁及部分无人礁兵要地志》（内部印刷，2002年）部分编写任务。后来，再继续对中沙群岛和南沙群岛部分岛礁的航空照片作分析，又进行了《中沙群岛和南沙群岛部分岛礁不同时段航空照片的比较分析与制图和文字说明》（2009—2010）。

2012年下半年，赵焕庭被聘为中国科学院学部咨询评议工作委员会咨询项目"南海资源环境与海疆权益"（2013—2014）专家评议组成员，先后参加北京、海口、南宁研讨会，与同事合作撰写文稿。他自1974年以来有6次赴西沙群岛考察，最近的一次是飞赴西沙群岛实地考察永兴岛、石岛及海疆，该项目为国家的宏观决策提供了科学依据。

赵焕庭在学术界的成果和杰出的贡献，被业界誉为有出色表现的十位学科带头人之一。

促进建设

赵焕庭退休之后不忘初心，依然坚持科研工作，积极参与该所和珊瑚礁学科组、海军司令部情报部、中国科学院学部咨询评议工作委员会、中国工程院、中科院地理与资源研究所、珠江水利委员会、北京大学、南京大学、中山大学等申请的基金项目，或参加主持某些课题，或应邀参加地理学会、地质学会和海洋学会的活动，或参加学术讨论、评审活动等，发挥余热。他参加工作以来，先后主持或参加的科研项目共有 28 个，其中退休后占 13 个。这些项目获省部级及以上科研成果奖 18 项，其中退休后占 5 项，分别是：2005 年获得广东省科学技术奖二等奖；2013 年和 2014 年分别获得广东省科学技术奖三等奖和国家科学技术进步奖二等奖；合著《中国历史自然地理》获 2015 年教育部第七届高等学校科学研究（人文社会科学）优秀成果奖二等奖；2019 年第五届郭沫若中国历史学奖二等奖。《南海珊瑚礁生态修复研究》获"2019 年度中国科学院杰出科技成就奖"（不分等）。

赵焕庭还于 2012 年底应邀参加中国工程院南海岛礁开发咨询研究项目 1 期（2013—2014），至今该项目已连续实施进入第 4 期（2019—2020）。他在历年项目研讨会上作了多次报告，撰写了部分成果报告书的章节。

2013 年 5 月 10—21 日，赵焕庭参与了由以王景全院士为首的 8 位工程院院士、几位海洋学者、几位港航工程技术精英、几位海陆空将领等组成的考察队，从三亚市牙龙湾军港乘军舰开展了三沙市永暑礁、赤瓜礁、东门礁、美济礁、南薰礁、渚碧礁和永兴岛等实地考察。途中赵焕庭想起 20 世纪 70 年代接受南海舰队工程部勘测处的委托，在荒凉的牙龙湾进行科学调查的情景，如今的牙龙湾已是被建筑群环抱的、严整雄伟舰艇靠泊若干凸堤式码头的肃穆大港，他不禁感慨万千。这次是赵焕庭自 1989 年以来第 6 次赴南沙群岛考察。经过多年的考察和研究，他提出了"可在礁上填海造陆，建港口机场和城市"的观点，并希望中央下决心加快南海岛礁的开发。这些建议得到了国家的重视，并逐步得到落实和推进。

中国科学院南海海洋研究所过去在建设广东下川岛潜艇基地、三亚牙龙湾大港、西沙琛航港等的前期工作中发挥了作用，特别是近年南沙岛礁上建成了一批人工岛，一改我国南海管控被动局面。从 2016 年起，我国在南海有条件做到四点：第一，应对美国的"航行自由"，多次就近派军舰查证和驱逐非法入侵领海的外国军舰。第二，保护中国资源，据外媒报道，2017 年 6 月中国就近出动 40 艘军舰、海警船和数架运 -8 飞机及时阻止了越南与西班牙油气公司合作开发万安北 -21 区块大型天然气田；2019 年 7 月，越南又与外国油气公司合作开发万安滩油气田，也遭到我国执法力量制止；2019 年 8 月，南海南边某国租用外国的"深水鹦鹉螺"号钻井平台，试图在北康暗沙附近打油井，遭到了中国海警船阻拦。第三，促进南海资源实行"主权在我，搁置争议，共同开发"的方针政策，中菲两国正在协商礼乐盆地油气共同开发问题。第四，保护我国海洋调查勘探，2019 年 7 月 3 日中国自然资源部广州海洋地质调查局"海洋地质 8"号勘探船进入万安滩水域后，中越两国海监船只对峙了几个星期，直到勘探船 8 月 7 日完成任务后离开。8 月 13 日，"海洋地质 8"号在至少两艘海警船的护卫下重返万安滩。至 8 月 16 日晚，至少有五艘中国海监船在为"海洋地质 8"号勘探船护航。2019 年 8 月，中国科学院南海海洋研究所"实验 2"号地球物理调查船在南康暗沙琼台礁附近考察时，有中国海警船在附近游弋以策安全。

南海岛礁开发取得重大进展写进了党的十九大报告。2017 年中共第十九次全国代表大会的报告中，第一部分总结了十八大以来"过去五年的工作和历史性变革"，其中提到了"南海岛礁建设积极推进"，这是党和国家对多年来从事南海及南海岛调查研究、勘测、观测、建设规划、建筑设计与施工、工程运营、政府行政管治和岛礁驻防等系列工作，以及从事其他各项工作的人员的充分肯定。可见，赵焕庭的对此贡献甚大。

老骥伏枥，壮心不已

赵焕庭先生于 2003 年 1 月起正式退休，如今已 86 岁了，却依旧践行着当年的誓言，真正体现了一位共产党员的"不改初心、牢记使命"。

如今，中科院南海所仍为赵焕庭先生保留着一间办公室。然而，他还保留着共产党员艰苦朴素的本色，这里仅有老式的木质办公桌、绿铁皮的资料柜、发黄的科研资料……若非有电脑、空调等现代家电，进入这间办公室，会让人感觉回到了 20 世纪 80 年代一样。

赵焕庭说，退休后还常常觉得事情未做完、未做好，仍须继续学习和工作。自 2003 年退休后以来，他一直保持着每天 4 个时段的工作节奏：凌晨自然醒后到 7:30，8:00 到 11:30，14:30 到 18:00，20:30 到 22:30，他也没有节假日与周末。他不要课题返聘费，也不要加班费。

"耄耋之年为何还这样拼？"赵焕庭先生回答说，自己经历过国家羸弱、人民遭殃的痛苦阶段，如今在中国共产党的带领下，百年来中华民族复兴之梦正逐渐变为现实。在党多年的培养下，掌握了很多专业知识，想燃尽自己，继续实现科学报国的梦想。正如他在 1956 年 8 月加入中国共产党时写下的"毫不保留地把自己的全部力量乃至生命献给党"的誓言。

他当前最重要的工作，就是尽力编好与几位同事著作的《南海国土环境资源与开发》一书。这是一部全面介绍南海海域地形地貌、沉积规律、气象气候、自然资源的专著，已列入科学出版社出版计划。他正在马不停蹄地编纂，尽管工作量很大，他表示会坚持下去。"党和政府给了我很多信任，我有多年海洋工作的经验，对这项工作越做越有兴趣，我要抓紧一切时间，为党和国家的建设多做贡献。"赵焕庭先生这样说道。

参考资料

1. 赵龙悦：《对我国南海岛礁研究有突出贡献的海洋地质学家赵焕庭》，《霞路侨讯》2019 年第 60 期。

2.《霞路赵氏族谱》，2010 年。

3. 徐秉正：《三十载心血结晶有见证——记河口海岸珊瑚礁专家赵焕庭》，王秀柔、钟世伦主编：《星光灿烂——广东科技人物（三）》，广东科技出版社，2001年。

4. 张乔民、余克服、张江勇等：《壮牛耕耘　老骥伏枥——庆祝赵焕庭研究员70岁暨从事科教工作50年》，《热带地理》2008年。

5. 王丽荣：《赵焕庭研究员珊瑚礁研究成果述评》，《热带地理》2008年第28卷第3期。

6. 张乔民：《赵焕庭研究员对华南河口海岸研究的贡献》，《热带地理》2008年第28卷第4期。

7. 司徒尚纪、许桂灵：《华南地理人才的摇篮——中山大学地理学80年（1929—2009）》，《经济地理》2010年第30卷第7期。